图解足球训练

技战术与体能训练200项

（视频学习版）

人邮体育　主编

孙奇　编

人民邮电出版社

北京

图书在版编目（CIP）数据

图解足球训练：技战术与体能训练200项：视频学习版 / 人邮体育主编；孙奇编. -- 北京：人民邮电出版社，2023.5

ISBN 978-7-115-60673-0

Ⅰ. ①图… Ⅱ. ①人… ②孙… Ⅲ. ①青少年－足球运动－运动训练－图解 Ⅳ. ①G843.2-64

中国国家版本馆CIP数据核字(2023)第058189号

免 责 声 明

内 容 提 要

本书精选了 200 项足球技战术与体能训练方法，并采用了图文结合视频展示的方式进行讲解，为足球初学者、有一定经验的练习者以及足球教练和体育老师等提供了丰富的学习内容和教学参考。本书首先讲解了可以帮助练习者提升球感的颠球、踩球、拉球等基础球性练习，然后介绍了踢球、停球、带球过人、射门等基础技术及练习方法，之后讲解了综合提升球员能力的战术和体能训练方法，可有效帮助球员提升整体实力。

◆ 主　　编　人邮体育
　　编　　　孙　奇
　　责任编辑　林振英
　　责任印制　彭志环

◆ 人民邮电出版社出版发行　　北京市丰台区成寿寺路 11 号
　　邮编　100164　　电子邮件　315@ptpress.com.cn
　　网址　https://www.ptpress.com.cn
　　北京宝隆世纪印刷有限公司印刷

◆ 开本：700×1000　1/16
　　印张：14.25　　　　　　　　　　2023 年 5 月第 1 版
　　字数：373 千字　　　　　　　　2023 年 5 月北京第 1 次印刷

定价：79.80 元

读者服务热线：(010)81055296　印装质量热线：(010)81055316
反盗版热线：(010)81055315
广告经营许可证：京东市监广登字 20170147 号

前　言

　　足球是在全球范围内最具有影响力的运动项目之一，深受广大体育爱好者的青睐。在我国，足球运动也得到了良好的发展，国家体育总局等也相继出台多项足球改革方案和青少年足球发展规划，以推动足球运动的进一步发展。发展和振兴足球运动是建设体育强国的必然要求，也是人民群众的热切期盼。

　　身为体育人、足球人，我也经常与身边的职业足球教练、运动员以及北京体育大学中国足球运动学院和天津体育学院足球教研室的同窗好友们共同探讨如何科学地进行足球训练、如何设计合理的体能训练计划等，以求探索更多、更高效的训练理念和方法，进而为球员们提供更科学的训练指导。最终结合多年在国家队和足球职业俱乐部的工作经验，以及在北京体育大学的学习经历，编写了这本书，希望可以为青少年足球爱好者以及从事青少年足球工作的教练提供参考。

　　足球是青少年喜爱的运动项目，参与足球运动有助于他们德、智、体的全面发展，不仅能使他们增强体质、促进身体正常发育、提高体能和身体素质，同时有助于培养他们的意志品质、吃苦耐劳的精神以及集体荣誉感。因此希望更多的孩子能够参与到足球运动中来，也希望本书能够帮助孩子们更加科学地参与足球运动，并且享受足球带来的快乐。

　　足球之所以被很多人称为世界第一大运动，是因为有许多足球爱好者（球迷）经常观看足球赛事和参与足球运动，因此也希望本书能够帮助到经常参与足球锻炼的人们，让他们更加了解足球项目的特点，掌握专业的足球技术知识，更加合理地运用足球技巧并能够有效地减少和预防伤病的产生。

　　不忘初心、牢记使命。希望足球人共同努力，早日实现我们的足球梦！

目　录

第1章　足球基础

第2章　踢球技术

第3章 停球技术

目　录

第4章　带球过人技术

第5章 射门技术

目 录

第6章 进攻战术

第7章 防守战术

第8章 体能训练

第1章

足球基础

要想学好足球，首先要了解足球的基础知识，掌握足球的基本功，然后才能进入下一阶段的战术训练，否则很难与队友配合默契。让我们从基础训练开始，让脚的每个部位都能够灵活地控球。

技巧
001

▶ **脚背颠球**

难度等级 ★☆☆☆☆　⏱ 时间　5分钟

point
足球不要颠过膝盖

右脚脚掌向后拉球，使足球从地面弹起。

左脚抬起，用脚背触球，触球时脚踝保持稳定，触球点在足球的下方。

双脚轮流触球，触球时的力度尽量保持一致，保证足球始终处于身体可控范围内。

其他角度

💡 **小提示**

用脚背颠球时，注意在出脚时稍屈膝，要达到能先出膝盖后出脚的水平，这样会使动作更稳。

足 球 基 础

技巧
002

▶ **脚内侧颠球**

扫一扫，看视频

难度等级　★ ☆ ☆ ☆ ☆　　⏱ 时间　5分钟

point
脚内侧触球

双脚分开，与肩同宽。双手持球，将足球置于体前。

足球从空中落下，同时右腿屈膝，脚内侧向上摆动，触球点在足球的下方。

双脚轮流触球，触球时的力度尽量保持一致，保证足球始终处于身体可控范围内。

🔑 **技术要领**

培养球感

颠球是培养球感的主要方式，可以使球员了解球性，球员通过身体的合理部位触球，使足球弹起，再将足球接住。足球的运动范围尽量控制在自身的掌控范围之内。此外，练习颠球还可以增强自身的控球能力。

技巧
003

▶ **脚外侧颠球**

难度等级 ★★☆☆☆　　⏱时间 5分钟

扫一扫，看视频

point
脚外侧触球

💡 **小提示**

支撑腿略微屈膝，身体重心稍向支撑腿一侧倾斜，足球下落至与膝盖等高的位置时，脚外侧向上摆动，瞄准足球的下方击球。

双脚分开，右手持球置于身体右侧，向上抛球。

足球从空中落下，同时右腿屈膝，脚外侧向上摆动。

用脚外侧触球，触球点位于足球的下方。

身体重心落于左脚，保持身体平衡，右脚连续颠球。

第1章　足球基础

技巧

004

▶ 大腿颠球

难度等级 ★★☆☆☆　　⏱ 时间　5分钟

扫一扫，看视频

point
大腿中间触球

▌双脚分开，约与肩同宽。双手持球，将足球置于体前。

▌足球从空中落下，同时右腿屈膝向上抬起，用大腿中间触球，触球点在足球的下方。

▌双腿轮流触球，触球时的力度尽量保持一致，保证足球始终处于身体可控范围内。

其他角度

🔑 **技术要领**

触球的位置

触球的位置要在大腿中间，如果太靠前，足球会打到膝盖，方向跑偏；如果太靠后，则容易打到身体。可以在找到感觉后，逐渐增加练习次数。

技巧
005

▶ **肩部颠球**

扫一扫，看视频

难度等级 ★★☆☆☆　　⏱时间　5分钟

point
右肩上耸

双脚分开，约与肩同宽。双手持球，将足球置于体前。	在上抛足球的同时，右肩扭转方向准备接球。	足球快要落至右肩位置时，右肩上耸，对准足球的下部，向上颠球。

🔑 **技术要领**

强化球感

颠球可以培养一定的球感，让肩部的合理位置熟悉与足球接触的感觉，对于应对高空球，以及提高各关节的灵活性和身体的协调性有着很好的作用。当你能熟练地颠球时，说明你的控球技术也得到了提升。

💡 **小提示**

颠球能使停球的部位熟悉触球的感觉，感受颠球的力度。练习时，先从原地颠球开始，逐渐过渡到动态连续颠球，最终达到在比赛状态下颠球过人的水平。

第1章 足球基础

技巧 **006**

▶ **头部颠球**

扫一扫，看视频

难度等级 ★★☆☆☆ 　 ⏱时间 5分钟

point
前额触球

双脚分开。双手持球，将足球置于体前。

在上抛足球的同时，头向后仰，目视足球。

前额触球，然后利用身体的起伏将足球颠起。

其他角度

💡 **小提示**

当足球下落时，双眼注视着足球，整个身体协调向上发力，触球点在足球的正下方。保持身体稳定，使足球垂直于地面向上移动。

技巧
007

▶ **单脚挑球**

难度等级 ★★☆☆☆　　⏱时间 5分钟

▋右脚踩在足球上，左腿支撑身体，背部挺直，目视足球。

▋用脚底轻轻地把足球拉向身体。

▋立刻把脚尖放到足球的下方，向上挑球。

▋足球被挑起后，右脚收回，重复练习。

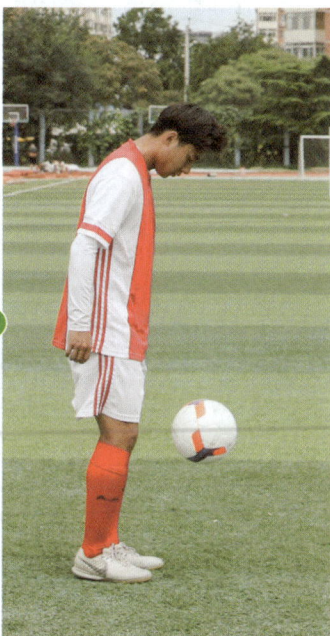

point
脚尖挑球

🔑 **技术要领**

控制拉球力度

将足球向后拉时的力度过大会给挑球造成很大的困难，所以要注意控制力度。另外，如果足球的位置距离脚太近，那就没有把足球拉向身体的空间了，所以要将足球放在距离自身稍远一点儿的位置。

足球基础

技巧
008

▶ **双脚夹球挑球**

难度等级 ★★☆☆☆　⏱ 时间　5分钟

point
夹球跳起

足球置于两脚之间，双腿稍屈膝，身体挺直，目视足球。

双脚将足球夹紧，向上跳起。

在最高点放开足球，将球挑起。

💡 **小提示**

保持双脚夹球的姿势向上跳起，并掌握好放开球的时机，这是练习双脚夹球挑球的关键。在熟练掌握动作后，可以尝试挑起后迅速接颠球。

🔑 **技术要领**

足球的位置

如果足球的位置靠近脚尖，则双脚无法稳固地夹住足球。因此，应该将足球放在双脚脚踝附近，并用脚踝内侧牢牢地夹住足球，使其无法移动。

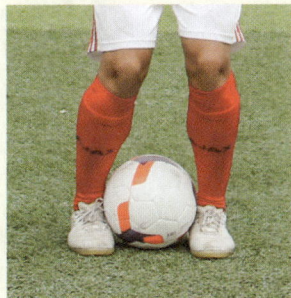

技巧
009

▶ **双脚夹球向后挑球**

难度等级 ★★☆☆☆　　⏱时间 5分钟

扫一扫，看视频

point
跳起的同时转身

足球置于两脚之间，双腿稍屈膝，身体挺直，目视足球。

双脚将足球夹紧，向上跳起，同时向后屈膝，并转动上半身。

在最高点放开足球。

其他角度

💡 **小提示**

在转身时头部也要向后转动，做出向斜后方看的动作，整个动作要连贯流畅。练习时要控制足球不要打到臀部，也不要让足球朝身后飞走。

足球基础

技巧
010

▶ **脚后跟挑球**

难度等级 ★★☆☆☆　　⏱时间 5分钟

point
脚后跟蹬球

🔑 **技术要领**

集中注意力

在做脚后跟挑球动作时，一定要把注意力放在足球与脚后跟接触的位置，整个动作要迅速连贯。

足球置于两脚之间，身体挺直，目视足球。

用右脚脚背和脚踝带着足球向上移动，在最高点时脚掌踩在足球上。

脚掌踩着足球向下滑，脚后跟发力将足球向下蹬。

右腿借助惯性向左前方摆动，足球接触地面后向上弹起。

技巧
011

▶ **脚背挑球**

难度等级 ★★☆☆☆　　⏱时间 5分钟

扫一扫，看视频

双脚前后分开，右脚在足球右侧，左脚在足球斜后方。背部挺直，目视足球。

左脚向前迈一步，使足球处于两脚之间。

右脚脚背绷直，用右脚脚背和脚踝向上夹球。

用右脚脚背触球，将足球向下蹭，足球接触地面后向上弹起。

point
脚背触球

💡 **小提示**

脚背挑球是用脚背将足球挑起，通过控制力度和角度使足球从地面弹起。练习这个动作可以培养球感，增强对身体部位的控制能力。

技巧
012

▶ **踩球**（横向两侧）

难度等级 ★★☆☆☆　　时间　5分钟

扫一扫，看视频

point
双脚交替
踩球

双脚分开，约与肩同宽，身体挺直，足球置于身体前方。

右腿上抬，用右脚脚掌触球，使足球向左移动。

换左腿上抬，用左脚脚掌触球，使足球向右移动，如此交替练习。

🔑 **技术要领**

脚掌控球

练习时，用脚掌控球，双脚交替控球，使足球横向移动。一只脚触球后立刻换另一只脚，没有触球的脚负责保持身体平稳。

▶ **踩球**（小跳）

扫一扫，看视频

难度等级 ★★☆☆☆　　⏱时间 5分钟

🔑 **技术要领**

控制触球力度

练习时，身体面向正前方，在观察足球运动的同时，要想象着身前站着对方球员。注意脚掌触球的力度不要过大，要控制踩球的节奏。

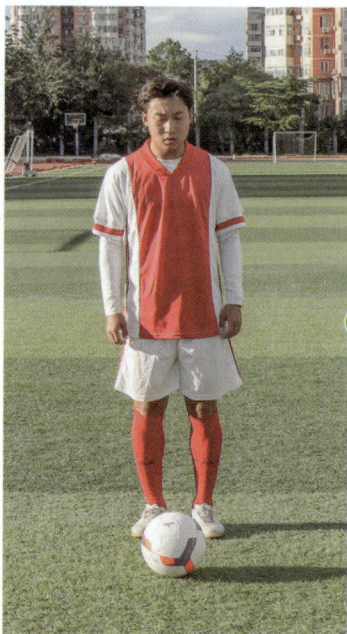

point
右脚脚掌触球

双脚分开，小于肩宽，身体挺直，足球置于身体前方。

右腿上抬，用右脚脚掌触球。

跳起的同时交换双腿。

左脚脚掌触球，如此交替练习。

point
左脚脚掌触球

第1章

技巧
014

▶ **倒球**

难度等级 ★★☆☆☆　　⏱时间　5分钟

双脚分开，稍宽于肩，背部挺直，足球置于两脚之间。

右脚脚弓触球，向左侧推球，左脚脚弓停球。

左脚脚弓触球，向右侧推球。

💡 **小提示**

倒球是将足球在双脚脚弓之间来回移动，练习时双膝稍微屈曲，牢记触碰足球的感觉。在动作熟练后，可以加快倒球速度，或增大动作的幅度。

右脚脚弓停球。

右脚脚弓触球，向左侧推球，左脚脚弓停球，重复交替练习。

技巧 **015**

▶ **脚弓拨球**

难度等级 ★★☆☆☆　时间 5分钟

双脚分开，约与肩同宽，挺胸抬头，足球置于两脚之间。

point
右脚向左拨球

目视足球，调脚步为左脚在前，右脚在后。

轻轻跳起，同时用右脚脚弓向左拨球。

point
左脚脚弓停球

足球移动至左前方，左脚脚弓迅速停球。

左脚脚弓停球后，继续向右前方拨球。

足球移动至右前方，右脚脚弓迅速停球。重复动作，继续带球向前推进。

技巧 **016**

▶ 前后拉球

难度等级 ★★☆☆☆　⏱时间 5分钟

扫一扫，看视频

point 向后拉球

point 向前推球

右脚脚掌踩在足球上，将足球控制在脚下，左腿支撑身体，保持平衡。

右脚将足球向后拉，使足球移动到身体下方。

使足球向前移动，如此重复练习，然后换另一侧脚重复相同动作。

🔑 **技术要领**

不要一直低头

初学者在动作还不熟练时，喜欢低头看着足球。在比赛中，球员如果一直盯着足球，则不能有效观察对手的动作并做出判断。

💡 **小提示**

脚掌控球在足球比赛中经常使用，所以在练习时记住脚掌控球的感觉非常重要。如果足球在移动过程中将要离开身体的控制范围，可以迅速将足球控制在脚下，支撑腿则负责保持身体稳定。

技巧 017

▶ 左右拉球

难度等级 ★★☆☆☆　　时间　5分钟

扫一扫，看视频

右脚脚掌踩在足球上，将足球控制在脚下，左腿支撑身体，保持平衡。

point
向左拉球

右脚脚掌向左侧拉球，顺势离开足球。

当足球移动到身体左侧时，左脚脚弓停球，右腿支撑身体。

停球后，左脚脚掌将足球控于脚下。

point
向右拉球

左脚脚掌向右侧拉球，顺势离开足球。

当足球移动到身体右侧时，右脚脚弓停球，如此重复练习。

技巧
018

▶ **转身**

难度等级 ★★☆☆☆　　⏱时间　5分钟

扫一扫，看视频

足球置于两脚之间，用双脚脚弓交替触球，使足球来回移动。

左脚脚弓拨球，右脚脚弓停球。

右脚脚弓停球后，将足球踢向左脚后方，同时向后转身。

转身后，右脚上抬，左脚支撑身体。

point
转身停球

右脚前伸，将足球停住。

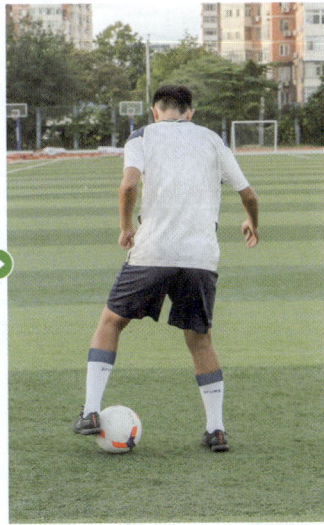

右脚脚弓将足球踢向左脚脚弓，双脚继续来回拨球。

技巧
019

▶ **向内转身**

难度等级 ★★☆☆☆　⏱时间 5分钟

扫一扫，看视频

右脚外脚背触球，使足球向前移动，目视足球。

向前移动一定距离后，左脚踩在足球后方支撑身体。

左脚外旋，同时右腿向后摆，身体向左转动。

point
转身的同时将足球带到目标路线

💡 **小提示**

在转身时如果触球的次数较多，足球被对手抢走的概率也较大。要减少与足球接触的次数，迅速流畅地转身。

转身的过程中，右脚前伸将足球停住，同时身体继续向内转动。

将足球拨到目标路线后，完成180°转身，继续带球前进。

技巧
020

▶ **向外转身**

扫一扫，看视频

难度等级 ★★☆☆☆　　时间 5分钟

右脚外脚背触球，使足球向前移动，目视足球。

向前移动一定距离后，左脚踩在足球左侧，保持身体平衡。

右脚前伸，用外脚背停球，身体随之向右转动。

point
向外转身

🔑 **技术要领**

尽量转小圈

转体时身体重心保持稳定，尽量转小圈。如果转动的幅度过大，会很难回到最初的运动路线上。

右脚控球，身体重心落于左脚，同时身体向外转动。

将足球拨到目标路线后，完成180°转身，继续带球前进。

技巧
021

▶ **推拉**

扫一扫，看视频

难度等级 ★★☆☆☆　　⏱时间　5分钟

point
后拉

point
前推

▌	右脚脚掌踩在足球上，将足球控制在脚下，左腿支撑身体，保持平衡。
▌	右脚脚掌将足球向后拉，使足球移动到身体下方。
▌	足球被拉到身体下方后，用右脚脚尖触球，将足球向前推。
▌	右脚前伸，用脚掌将向前移动的足球停住，如此反复练习。

💡 **小提示**

保持背部挺直。在掌握动作节奏后，可以目视前方进行练习。一侧腿熟练后，换对侧腿练习。

技巧 022

▶ 滑球

难度等级 ★★☆☆☆　🕐 时间　5分钟

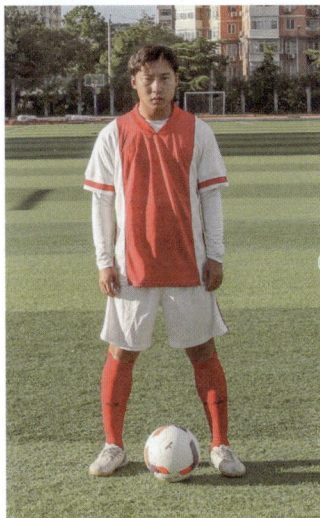

双脚分开，略宽于肩，身体挺直，足球置于两脚之间。

目视足球，双膝屈曲，降低身体重心。

双脚发力，向上跳起，同时右脚脚弓向左拨球。

point 左脚停球

足球向左侧移动，左脚脚弓停球。

双脚发力，向上跳起，同时左脚脚弓向右拨球。

point 右脚停球

足球向右侧移动，右脚脚弓停球。保持适当的节奏，如此反复练习。

技巧
023

▶ **带球前进和后退**

难度等级 ★★☆☆☆　　⏱ 时间　5分钟

扫一扫，看视频

右脚脚掌踩在足球上，将足球控制在脚下，左腿支撑身体，保持平衡。

point
向前推球后交换双脚

右脚将足球向前推，双脚在跳起后前后交换。

换左脚脚掌踩在足球上，如此反复练习带球前进。

左脚脚掌踩在足球上，将足球控制在脚下，右腿支撑身体，保持平衡。

point
向后拉球后交换双脚

左脚将足球向后拉，双脚在跳起后前后交换。

换右脚脚掌踩在足球上，如此反复练习带球后退。

技巧
024

▶ **曲线控球**

难度等级 ★★☆☆☆　　⏱ 时间　5分钟

扫一扫，看视频

💡 **小提示**

曲线控球是用一只脚的脚掌在控球的过程中，让足球沿曲线运动。控球脚要将足球灵活地控于脚下。在足球比赛中，球员在巡视场上的形势前，要先控好球。

point
向后拉球

point
向右推球

point
向左后方拉球

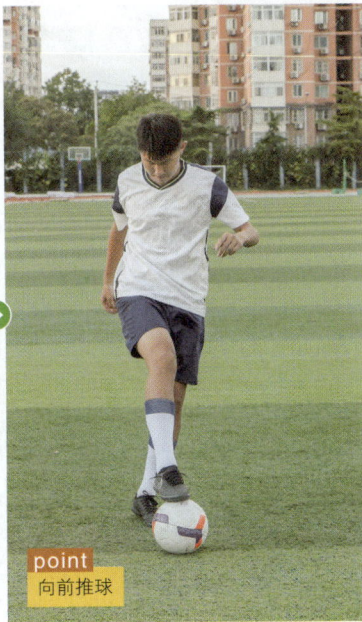

point
向前推球

▌ 右脚脚掌踩在足球上，将足球向后拉，左腿支撑身体，保持平衡。

▌ 右脚脚掌向右侧推球，左脚保持原地小幅度跳跃。

▌ 将足球向后拉至身体下方，同时左脚向后跳。

▌ 右脚脚掌将身体下方的足球向前推。保持适当的节奏，如此反复练习。

第 2 章
踢球技术

踢球是使用脚的不同位置将足球踢出，踢球的位置、力度和高度都会影响出球质量。练习中，踢球一般分为定点踢球和不停球踢球。要想成为优秀的球员，就需要根据场上的情况，采取不同的踢球方式完成传球与射门。

技巧
025

▶ **脚弓定点踢球**（地滚球）

难度等级 ★★★★★　　⏱ 时间　5分钟

目视足球，身体自然放松，与足球保持一定的距离。

point
右腿后摆

面对足球直线助跑，左脚踩在足球左后方支撑身体，右腿向后摆。

point
脚弓触球

右腿外旋，像钟摆一样摆下来，在触球的瞬间发力。

触球后，右腿顺势向前摆，跟进这一动作可以提高踢球的准确性。

技巧
026

脚弓定点踢球（半高球）

扫一扫，看视频

难度等级 ★★★☆☆　⏱时间 5分钟

目视足球，身体自然放松。与足球保持一定的距离，面对足球直线助跑。

左脚踩在足球左后方支撑身体，右腿向后摆。

小提示

地滚球的触球点在足球的中心，但要踢半高球，触球点应在足球中心偏下的位置。踢球时注意力要集中，整个动作要迅速、果断。

point
踢球时身体稍向后倾

右脚脚弓触球，触球点在足球中心稍偏下的位置，身体随惯性稍向后倾，由下往上将足球踢出。

技巧
027

▶ **脚弓定点踢球**（高球）

扫一扫，看视频

难度等级 ★★★☆☆　　⊙ 时间　5分钟

目视足球，身体自然放松。与足球保持一定的距离，面对足球直线助跑。

左脚踩在足球左后方支撑身体，右腿向后摆。

🔑 **技术要领**

支撑脚的位置

此动作在足球比赛中常用于远距离传球和防守反击，具有球速快、传球距离长等特点。踢球时，支撑脚一般踩在足球一侧，但触球点的位置在足球中心偏下时，支撑脚可以稍向后撤，这样更容易将足球踢出。

右脚脚弓触球，触球点在足球的下部，身体随惯性向后倾，由下往上将足球踢出。

point
身体后倾的程度比踢半高球时要大

踢球技术

▶ **外脚背定点踢球**（地滚球）

难度等级 ★★★☆☆　　时间 5分钟

扫一扫，看视频

目视足球，身体自然放松。与足球保持一定的距离，面对足球直线助跑。

左脚踩在足球左后方支撑身体，右腿向后摆。

小提示

外脚背定点踢球具有较高的准确性，有时还可以踢出弧线球，从而立即改变场上节奏。因为外脚背侧脚踝更容易打开，所以外脚背能从各种不同的角度触球，通过不同的脚法还可以踢出各种不同的球。

point
外脚背触球的瞬间，脚趾用力抓紧鞋底

右脚外脚背触球，触球点在足球中心，在与足球接触的瞬间发力。

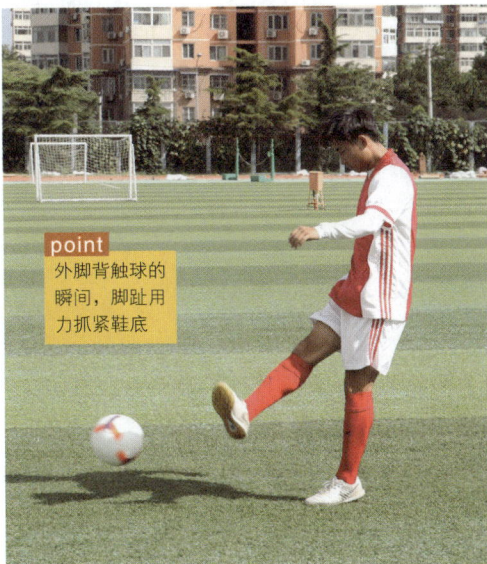

技巧
029

▶ # 外脚背定点踢球（半高球）

扫一扫，看视频

难度等级 ★★★☆☆　　⏱ 时间　5分钟

目视足球，身体自然放松。与足球保持一定的距离，面对足球直线助跑。

左脚踩在足球左后方支撑身体，右腿向后摆。

point
用外脚背切向足球的中心

🔑 技术**要领**

切球

切球是外脚背定点踢球的关键，即用外脚背小脚趾根部凸起的骨头部位斜贴足球的中心。还要灵活地控制小腿，以及触球的力度，这些都会影响足球的运动方向。

右脚外脚背触球，瞄准足球的中心发力，保持身体稳定，将足球向前踢出，动作幅度不用太大。

踢球技术

▶ **外脚背定点踢球**（高球）

扫一扫，看视频

难度等级 ★★★☆☆　时间 5分钟

目视足球，身体自然放松。与足球保持一定的距离，面对足球直线助跑。

左脚踩在足球左后方支撑身体，右腿向后摆。

小提示

做此动作时，身体摆动的幅度较大，如果用力过猛会导致身体重心不稳，所以要注意控制力度。

髋关节屈曲带动右腿向前摆动，增大动作幅度。用右脚外脚背触球，在触球的瞬间发力。

point
右腿上摆至髋关节屈曲90°，踢出高球

技巧
031

▶ **脚背定点踢球**（地滚球）

扫一扫，看视频

难度等级 ★★★☆☆　⏱时间 5分钟

目视足球，身体自然放松，与足球保持一定的距离。

面对足球直线助跑，左脚踩在足球左后方支撑身体，右腿向后摆。

point
用靠近脚踝的位置触球

右脚脚背触球，触球点在足球中心，借助身体扭转产生的力量将足球踢出。

触球后，右腿顺势向前摆，跟进这一动作可以提高踢球的准确性。

技巧 **032**

▶ 脚背定点踢球（半高球）

扫一扫，看视频

难度等级 ★★★☆☆　　时间 5分钟

目视足球，身体自然放松，与足球保持一定的距离。

面对足球直线助跑，左脚踩在足球左后方支撑身体，右腿向后摆。

🔑 技术要领

将力量传递给足球

踢球时，支撑脚的位置和角度要调整好，要将身体扭转产生的力量有效地传递给足球。

point
身体蓄力，用脚背触球

右脚脚背触球，触球点在足球中心偏下的位置，借助身体扭转产生的力量将足球踢出。

踢球技术

技巧
033

▶ **脚背定点踢球**（高球）

扫一扫，看视频

难度等级 ★★★☆☆　　时间 5分钟

目视足球，身体自然放松。与足球保持一定的距离，面对足球直线助跑。

左脚踩在足球左后方支撑身体，右腿向后摆。

右脚脚背上方靠近脚踝的位置触球，触球点在足球的下部，身体稍向后倾。

借助身体扭转产生的力量将足球踢出，触球后，右腿顺势向前摆。

第2章 踢球技术

▶ **脚尖定点踢球**（地滚球）

难度等级 ★★★☆☆　　⏱时间 5分钟

💡 **小提示**

由于脚和足球的接触面较小，需要瞄准足球的中心，摆腿的幅度不用太大就可以发力。在足球比赛中，利用小幅度的动作有时可以做到出其不意的射门。

> point
> 脚尖在触球的瞬间发力

目视足球，身体自然放松。与足球保持一定的距离，面对足球直线助跑。

左脚踩在足球左后方支撑身体，右腿向后摆。

用右脚大脚趾和二趾中间的部位触球，触球点在足球中心。

触球后，右腿顺势向前摆，跟进这一动作可以提高踢球的准确性。

技巧 **035**

▶ 脚尖定点踢球（半高球）

难度等级 ★★★☆☆　　⏱ 时间　5分钟

目视足球，身体自然放松。与足球保持一定的距离，面对足球直线助跑。

左脚踩在足球左后方支撑身体，右腿向后摆。

💡 **小提示**

脚尖定点踢球常在射门时使用，由于脚尖出球的速度快，可以增强球的攻击性，为进球提供很大的帮助。

point
对准足球中心偏下的位置，由下往上踢

用右脚大脚趾和二趾中间的部位触球，触球点在足球的正中心，由下往上将足球踢出。

技巧
036

▶ 脚尖定点踢球（高球）

扫一扫，看视频

难度等级 ★★★☆☆　⏱时间 5分钟

目视足球，身体自然放松。与足球保持一定的距离，面对足球直线助跑。

左脚踩在足球左后方支撑身体，右腿向后摆。

point
对准足球的下部，由下往上踢

用右脚大脚趾和二趾中间的部位触球，触球点在足球的下部，由下往上将足球踢出。

触球后，右腿随惯性大幅度上摆，双臂自然摆动，保持身体稳定。

踢球技术

技巧
037

▶ **脚后跟定点踢球**（地滚球 1）

难度等级 ★★★☆☆　⏱时间 5分钟

双脚分开，将足球置于两脚之间，目视足球。

右腿屈膝向上抬起，身体重心落于左腿，保持身体平稳。

point
右腿前伸

右腿抬起后向前伸直，用脚后跟对准足球。

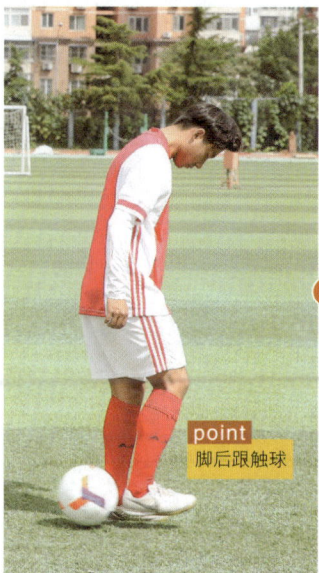

point
脚后跟触球

💡 小提示

踢球时要控制好力度，脚后跟要对准足球的中心，否则足球的运动路线将不是直向的。此外，力度过大也会导致足球失控。

以膝关节为轴，小腿迅速后摆，用脚后跟触球，触球点在足球的中心。

触球后，右腿随惯性后摆。

踢球技术

技巧
038

▶ **脚后跟定点踢球**（地滚球2）

难度等级 ★★★☆☆　⏱时间 5分钟

扫一扫，看视频

目视足球，身体自然放松，与足球保持一定的距离。

point
跑向足球

面对足球直线助跑。

左脚踩在足球右后方支撑身体，右腿向后摆。

右腿前伸，摆过支撑腿，用脚后跟对准足球。

point
保持踝关节紧张

右腿向左腿外侧交叉后摆，用脚后跟触球，触球点在足球的中心。

触球后，右腿随惯性后摆。

技巧 **039**

▶ **脚弓不停球踢球**（直向地滚球）

扫一扫，看视频

难度等级 ★★★☆☆　🕐时间 5分钟

观察足球的飞行路线，身体面对来球方向，随时做好接球准备。

找准足球下落的时机，左脚抓地支撑身体，右腿向后摆。

在足球快要接触地面时，右腿外旋下摆。

point
脚弓在触球的瞬间发力

用脚弓触球，触球点在足球中心偏上的位置，迅速将足球向正前方踢出。

脚弓不停球踢球（变向地滚球）

第2章

技巧 040

难度等级 ★★★☆☆　⏱时间 5分钟

观察足球的飞行路线，身体面对来球方向，随时做好接球准备。

找准足球下落的时机，左脚抓地支撑身体，右腿向后抬起的同时外旋。

💡 小提示

在练习时要通过调整脚踝的角度和力度来改变足球的运动方向，这有助于球员在场上更加灵活地出球。

point
向不同方向
踢出地滚球

用脚弓触球，触球点在足球中心偏上的位置，通过调整脚踝的角度使足球滚向不同方向。

技巧
041

▶ **脚弓不停球踢球**（直向半高球）

扫一扫，看视频

难度等级 ★★★☆☆　　时间 5分钟

观察足球的飞行路线，身体面对来球方向，随时做好接球准备。

找准足球下落的时机，左脚抓地支撑身体，右腿向后摆。

在足球快要接触地面时，右腿外旋下摆。

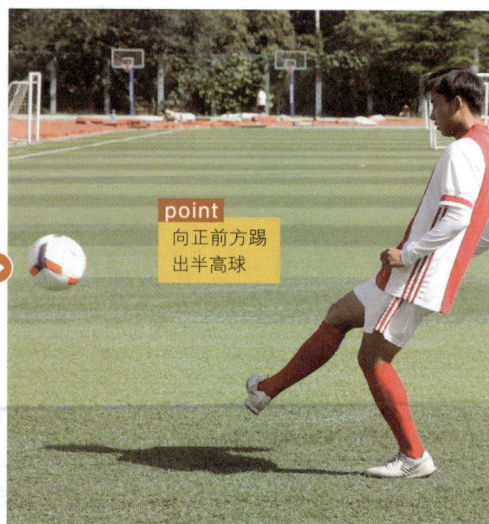

point
向正前方踢出半高球

用脚弓触球，触球点在足球的中心，迅速将足球向正前方踢出。

第2章　踢球技术

技巧 **042**

▶ **脚弓不停球踢球**（变向半高球）

难度等级 ★★★☆☆　　时间 5分钟

扫一扫，看视频

point
向不同方向
踢出半高球

观察足球的飞行路线，身体面对来球方向，随时做好接球准备。

找准足球下落的时机，左脚抓地支撑身体，右腿向后抬起的同时外旋。

在足球快要接触地面时，右腿外旋下摆。用脚弓触球，触球点在足球的中心，通过调整脚踝的角度使足球飞向不同方向。

小提示

最容易贴合球面的就是脚弓。踢球时要判断足球在空中下落的位置，支撑腿保持身体稳定，同时将踢球脚抬起，当足球到达时，用脚弓触球，迅速果断地出球。

🔑 技术要领

调整脚踝的角度

踢球时，足球的飞行路线会根据脚踝的角度和力度的不同发生变化。所以球员平时要多加练习，让身体感受不同情况的差别。

技巧
043

▶ 脚弓不停球踢球（直向高球）

难度等级 ★★★☆☆　　⏱ 时间　5分钟

观察足球的飞行路线，身体面对来球方向，随时做好接球准备。

point
看准足球下落的位置

找准足球下落的时机，左脚抓地支撑身体，右腿向后抬起的同时外旋。

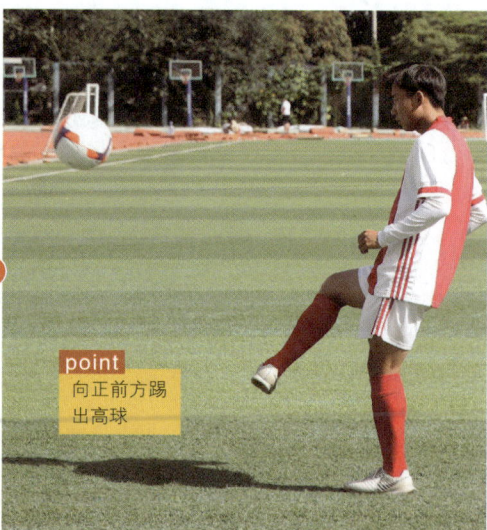

在足球快要接触地面时，右腿外旋下摆。

point
向正前方踢出高球

用脚弓触球，触球点在足球的中心，迅速将足球向正前上方踢出。

技巧 044

▶ 脚弓不停球踢球（变向高球）

难度等级 ★★★☆☆　　🕐时间　5分钟

扫一扫，看视频

观察足球的飞行路线，身体面对来球方向，随时做好接球准备。

找准足球下落的时机，左脚抓地支撑身体，右腿向后摆。

在足球快要接触地面时，右腿外旋下摆，脚踝根据足球的高度调整为合适的角度。

point
向不同方向踢出高球

用脚弓稍靠前的位置触球，触球点在足球的中心，通过调整脚踝的角度使足球飞向不同方向。

技巧
045

踢球技术

▶ **脚背不停球踢球**(直向地滚球)

难度等级 ★★★☆☆　　⏱时间 5分钟

扫一扫，看视频

💡 **小提示**

踢球时要判断好足球的运动路线，使脚与足球准确接触，这样才能将足球向目标方向准确踢出。

观察足球的运动路线，身体面对来球方向，随时做好接球准备。

point
看准足球接近的时机

足球接近后，左脚抓地支撑身体，右腿向后摆。

用脚背外侧靠近脚踝处触球，触球点在足球中心稍偏上的位置，迅速将足球向正前方踢出。

第2章 踢球技术

技巧 **046**

扫一扫，看视频

▶ **脚背不停球踢球**（变向地滚球）

难度等级 ★★★☆☆　⏱时间 5分钟

🔑 **技术要领**

转体的同时触球

在改变身体方向的同时触球，相对来说难度较高。注意踢球时需要屈膝，否则容易将球踢到空中。

▌观察足球的运动路线，身体面对来球方向，随时做好接球准备。

point
出球的同时身体随之转动

▌足球接近后，左脚抓地支撑身体，右腿向后摆，用脚背中心偏下的位置触球。

▌触球点在足球中心稍偏上的位置，借助身体扭转产生的力量将足球踢出，触球后，右腿顺势向前摆。

▶ 脚背不停球踢球（直向半高球）

技巧 **047**

难度等级 ★★★★★　　⏱时间 5分钟

观察足球的飞行路线，身体面对来球方向，随时做好接球准备。

找准足球下落的时机，左脚抓地支撑身体，右腿向后摆。

point
脚背外侧对准足球中心偏下的位置

在足球快要接触地面时，用脚背外侧靠近脚踝处触球，触球点在足球中心偏下的位置。

触球后，右腿随惯性向前摆。

踢 球 技 术

▶ **脚背不停球踢球**（变向半高球）

扫一扫，看视频

难度等级 ★★★☆☆　　⏱ 时间　5分钟

观察足球的飞行路线，身体面对来球方向，随时做好接球准备。

找准足球下落的时机，左脚抓地支撑身体，右腿向后摆。

在足球快要接触地面时，用脚背外侧靠近脚踝处触球，触球点在足球中心偏上的位置。

point
右腿像画圈一样摆动

触球后，右腿随惯性向前摆，通过调整脚踝的角度使足球飞向不同方向。

技巧
049

▶ **脚背直接踢球**（直向半高球）

扫一扫，看视频

难度等级 ★★★☆☆　　⏱时间　5分钟

观察足球的飞行路线，身体面对来球方向，随时做好接球准备。

找准足球下落的时机，左脚抓地支撑身体，右腿向后摆。

💡 **小提示**

踢球时要由下往上发力，在触球的瞬间脚踝发力，干脆利落地出球，整个动作要迅速流畅。

用脚背外侧靠近脚踝处触球，触球点在足球中心偏下的位置，迅速将足球向正前方踢出。

point
用脚背外侧向正前方踢出半高球

脚背直接踢球（变向半高球）

技巧 050

扫一扫，看视频

难度等级 ★★★☆☆　**时间** 5分钟

观察足球的飞行路线，身体面对来球方向，随时做好接球准备。

找准足球下落的时机，左脚着地支撑身体，右腿向后摆。

在转体的同时右腿向前摆动。

在转体的过程中蓄力，用脚背触球，触球点在足球中心偏下的位置，通过调整脚踝的角度使足球飞向不同方向。

point
右腿像画圈一样摆动

触球后，右腿随惯性向前摆。

第3章

停球技术

　　停球是指用相应的身体部位将足球接住并控制下来，缓冲来球的力量并将足球控制在身体可控范围内。在足球比赛中，接到球后要注意保持警惕，防止球被对手抢走。本章将对足球比赛中常用的停球技术按照不同的身体部位进行分类说明，旨在使球员无论面对怎样的来球，都能将足球平稳地停在脚下，并流畅衔接后面的动作。

技巧
051

▶ **脚弓原地停球**（地滚球）

难度等级 ★★★☆☆　　⏱ 时间　5分钟

扫一扫，看视频

point
根据足球接近的
时机抬起右腿

观察足球的运动路线，身体向来球方向移动，随时做好接球准备。

足球接近后，左脚抓地支撑身体，右腿上抬外旋。

用脚弓触球，将足球停在脚下。

💡 **小提示**

停球时可以转动脚弓，使其与地面形成锐角，或直接将停球脚抬高，当足球滚到脚下时向下切球，使足球稳稳地停在脚下。注意如果面对的是力度很大的来球，脚弓会对足球产生很大的作用力，导致足球弹出身体可控范围。

🔑 **技术要领**

减小来球的冲力

在触球的瞬间，停球脚可以向身体后方稍加牵引，以此减小来球的冲力。在足球比赛中，由于对手抢夺，可以原地停球的机会较少，但只有正确地完成原地停球，才有可能控制好踢球的力度。

第3章　停球技术

技巧 052

▶ 脚弓迎球停球（地滚球）

难度等级 ★★★☆☆　　⏱时间　5分钟

扫一扫，看视频

观察足球的运动路线，身体向来球方向移动，随时做好接球准备。

足球接近后，身体稍前倾，左脚抓地支撑身体，右腿上抬外旋。

point
右脚停球

💡 小提示

脚弓与足球的接触面积较大，可以很好地控制力度。来球速度较慢时，可以用脚弓稍偏上坚硬的部位停球；来球速度较快时，可以用脚弓柔软的部位停球。调节脚踝的角度，平稳地将足球停住。

保持身体稳定，用右脚脚弓停球，减小足球的冲力，将足球停在脚下。

技巧 **053**

停球技术

▶ **外脚背原地停球**（地滚球）

难度等级 ★★★☆☆　⏱时间 5分钟

扫一扫，看视频

point
脚踝向内转动，用外脚背对准来球

观察足球的运动路线，身体向来球方向移动，随时做好接球准备。

足球接近后，左脚抓地支撑身体，右腿上抬，同时脚踝内旋。

用外脚背触球，将足球停住。

其他角度

💡 **小提示**

用脚弓原地停球时，停球的位置在支撑脚的斜上方；而用外脚背原地停球时，停球的位置距离支撑脚更近了。注意在足球接近时提前做好准备，脚部在触球的瞬间给足球卸力。

技巧
054

停球技术

▶ **外脚背迎球停球**（地滚球）

扫一扫，看视频

难度等级 ★★★☆☆　⏱时间 5分钟

观察足球的运动路线，身体向来球方向移动，随时做好接球准备。

足球接近后，身体稍前倾，左脚抓地支撑身体，右脚脚踝内旋。

point
根据来球的力量调整脚踝的角度

🔑 **技术要领**

避免足球被踢高

用脚弓停球时，是将整只脚外旋；而用外脚背停球时，脚踝需内旋，这样更容易衔接后面的动作。如果脚踝过度内旋，则容易将足球弹飞，所以一定要注意触球瞬间脚踝的角度。

用外脚背触球，在触球的瞬间脚部发力，将足球停住。

059

技巧
055

▶ # 脚底原地停球（地滚球）

难度等级 ★★★☆☆　　⏱ 时间　5分钟

point
右腿不要抬得太高，防止足球滚到身后

观察足球的运动路线，身体面对来球方向，随时做好接球准备。

足球接近后，左脚抓地支撑身体，右腿上抬。

用脚底触球，触球点在足球的中上部，将足球平稳地停在脚下。

💡 **小提示**

在足球比赛中，如果将球停在脚下，则很难在原地将球踢出较远距离，所以建议在抢球不激烈时使用脚底停球技术。

🔑 **技术要领**

前脚掌触球

脚底停球具有较高的稳定性，可以准确地将足球控制在脚下。触球时脚后跟抬离地面，脚稍后屈，用脚掌偏后的位置接触足球的中上部。

技巧
056

▶ **脚底迎球停球**（地滚球）

扫一扫，看视频

难度等级 ★★★☆☆　　时间 5分钟

观察足球的运动路线，身体向来球方向移动，随时做好接球准备。

足球接近后，左脚抓地支撑身体，右腿上抬。

point
将足球稳稳地停在脚下

💡 **小提示**

停球时注意保持脚尖翘起，这样可以做到用脚掌停球。如果用脚踩在足球正上方压球，容易使足球跑到身后，这是控球时容易出现的失误。

用脚掌偏后的位置触球，触球点在足球的中上部，将足球平稳地停在脚下。

技巧 **057**

▶ **脚弓原地停球**（半高球）

难度等级 ★★★☆☆　　⏱ 时间 5分钟

扫一扫，看视频

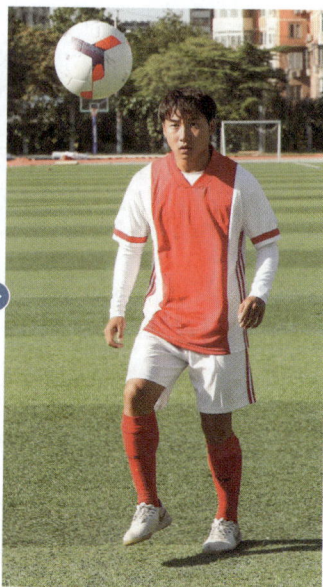

💡 **小提示**

用脚弓原地停半高球时，必须精准地触球，防止足球被弹起。在触球的瞬间，脚踝以放松的状态轻轻给足球卸力。

▌观察足球的飞行路线，身体面对来球方向，随时做好接球准备。

▌找准足球下落的时机，左脚抓地支撑身体，右腿上抬。

point
用全身缓冲足球的力量

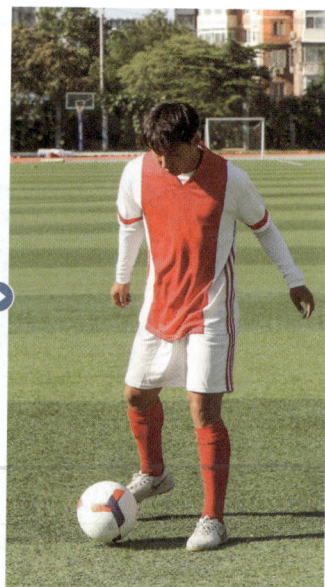

▌右腿外旋，用脚弓对准足球。

▌用脚弓接触足球中心稍偏上的位置，避免足球被踢高。

▌触球后，将足球平稳地停住。

第3章　停球技术

技巧
058

▶ **脚弓迎球停球**（半高球）

扫一扫，看视频

难度等级　★★★☆☆　　　⏱时间　5分钟

point
掌握好接球的时机

观察足球的飞行路线，身体面对来球方向，随时做好接球准备。

找准足球下落的时机，左脚抓地支撑身体，右腿上抬外旋。

足球落向膝盖下方，用脚弓接触足球中心稍偏上的位置，避免足球被踢高。

🔑 技术要领

足球的落点

判断好足球的落点，身体移动到比落点稍靠前的位置，因为此位置更容易停球。

停球后足球落向地面，半高球变为地滚球。

顺势带球前进，衔接下一个动作。

停球技术

▶ **外脚背原地停球**（半高球）

难度等级 ★★★☆☆ ⏱时间 5分钟

扫一扫，看视频

💡 **小提示**

用外脚背原地停半高球时，只需轻触足球，缓冲足球本身的作用力，脚部卸力。

观察足球的飞行路线，身体面对来球方向，随时做好接球准备。

找准足球下落的时机，左脚抓地支撑身体，右腿外摆。

point
外脚背触球

用外脚背靠近脚踝处触球，脚与足球的飞行路线垂直。

触球后，足球冲力减小，落向地面。

将足球平稳地停在脚下。

第 3 章　停球技术

技巧 060

停球技术

▶ **外脚背迎球停球**（半高球）

扫一扫，看视频

难度等级 ★★★☆☆　　⏱时间　5分钟

point
右脚脚尖
内旋

观察足球的飞行路线，身体面对来球方向，随时做好接球准备。

找准足球下落的时机，左脚抓地支撑身体，右腿上抬。

足球落向膝盖下方，用右脚外脚背触球，触球点在足球中心偏上的位置。

停球后，足球落向地面，半高球变为地滚球。

顺势带球前进，衔接下一个动作。

技巧 **061**

▶ **脚底原地停球**（半高球）

扫一扫，看视频

难度等级 ★★★☆☆　⏱时间 5分钟

观察足球的飞行路线，身体面对来球方向，随时做好接球准备。

找准足球下落的时机，左脚抓地支撑身体，右腿上抬。

当足球落向地面时，脚尖翘起，用前脚掌触球，触球点在足球的上部。

触球后，将足球平稳地停在脚下。

🔑 **技术要领**

减小足球的冲力

用脚底停地滚球时，是用脚掌偏后的位置触球；而用脚底停半高球时，则是用脚掌偏前的位置触球。足球从地面弹起后用脚底触球时，脚踝放松，可以起到缓冲的作用，从而顺利减小足球带来的冲力。

第3章 停球技术

技巧 062

▶ **脚底迎球停球**（半高球）

难度等级 ★★★☆☆　⏱时间 5分钟

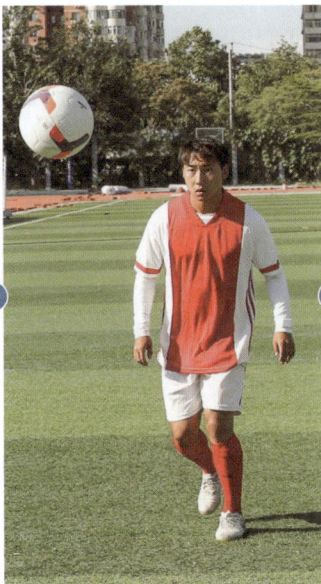

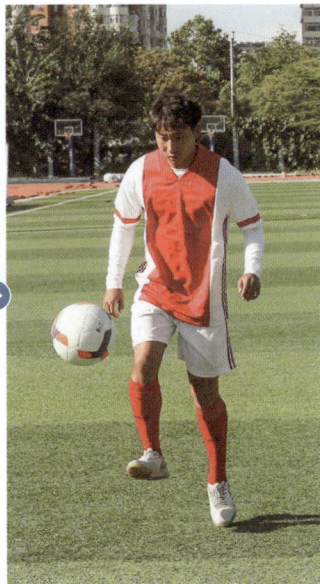

观察足球的飞行路线，身体向来球方向移动，随时做好接球准备。

找准足球下落的时机，左脚抓地支撑身体，右腿向后摆。

在足球触地反弹的瞬间用脚底触球，支撑脚发力向后轻轻跳起。

触球后，将足球平稳地停在脚下。

顺势带球前进，衔接下一个动作。

💡 **小提示**

用脚底迎球停半高球时，需要脚踝发力并使脚踝在触球时保持合适的角度。在足球比赛中，要根据来球方向灵活调整脚上抬的高度。

技巧
063

▶ **胸部原地停球**

难度等级 ★★★☆☆　　⏱时间 5分钟

扫一扫，看视频

观察足球的飞行路线，身体面对来球方向，随时做好接球准备。

找准足球下落的时机，双腿稍屈膝，双臂上抬。

用锁骨下方的胸部位置触球，减小足球的冲力，使球速下降。

point
双臂打开，保持身体平稳

在胸部触球的瞬间，迅速收胸、收腹，让足球落向地面。

在足球落地的瞬间，用脚背缓冲接球。

足球落地后，将足球平稳地停在脚下。

第3章

停球技术

▶ 大腿原地停球

技巧 **064**

扫一扫，看视频

难度等级 ★★★☆☆　时间 5分钟

小提示

大腿是停空中来球的有效身体部位，注意用大腿中心偏上的位置触球。大腿常用来停弧度较大的高球或半高球。

观察足球的飞行路线，身体面对来球方向，随时做好接球准备。

找准足球下落的时机，左脚抓地支撑身体，右腿向上抬起。

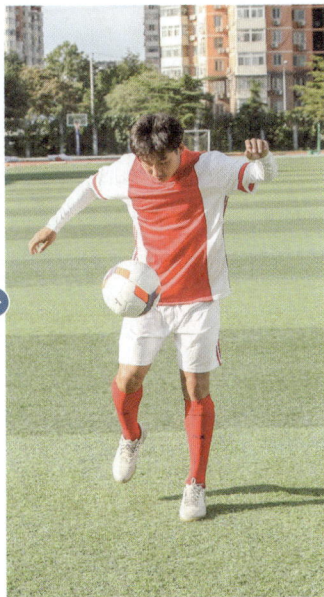

用大腿中心靠上的位置触球，在触球的瞬间，右腿迅速后撤。

触球后，足球冲力减小，使足球落向地面。

将足球平稳地停在脚下。

技巧
065

▶ **脚弓迎球停球**

难度等级 ★★★☆☆　　🕐 时间　5分钟

扫一扫，看视频

💡 **小提示**

触球的力度要控制好，如果力度过大，则将失去对足球的控制；如果力度过小，足球就会停顿，而身体会前倾。还要根据不同的情况，改变触球的角度，从而改变足球的运动路线。

▎观察足球的飞行路线，身体向来球方向移动，随时做好接球准备。

▎找准足球下落的时机，左脚抓地支撑身体，右腿上抬。

point
轻轻跳起后
用脚弓触球

▎左脚发力向上跳起，同时右腿外旋，用脚弓触球。

▎触球后，足球冲力减小，使足球落向地面。

▎顺势带球前进，衔接下一个动作。

第3章 停球技术

▶ 外脚背迎球停球

技巧 **066**

难度等级 ★★★☆☆ ⏱时间 5分钟

扫一扫，看视频

观察足球的飞行路线，身体向来球方向移动，随时做好接球准备。

找准足球下落的时机，左脚抓地支撑身体，右腿向后抬起的同时外旋。

用外脚背轻轻触球。

触球后，足球冲力减小，使足球落向地面。

顺势带球前进，衔接下一个动作。

🔑 **技术要领**

触球力度

停球时，可以通过调整触球力度来改变足球的反弹方向。

技巧
067

▶ # 胸部迎球停球

难度等级 ★★★☆☆　　⏱ 时间　5分钟

扫一扫，看视频

观察足球的飞行路线，身体向来球方向移动，随时做好接球准备。

找准足球下落的时机，双腿稍屈膝，双臂上抬。

双臂前伸，调整站位，让足球落向胸部肌肉发达部位。

在触球的同时挺胸，使足球向上弹起。

触球后，足球冲力减小，使足球落向地面。

顺势带球前进，衔接下一个动作。

技巧
068

▶ 大腿迎球停球

扫一扫，看视频

难度等级 ★★★☆☆　　⏱时间　5分钟

观察足球的飞行路线，身体向来球方向移动，随时做好接球准备。

找准足球下落的时机，左脚抓地支撑身体，右腿屈膝上抬。

双脚向上跳起，同时用右侧大腿中心偏下的位置触球。

💡 **小提示**

停球时肌肉适当放松，停球腿屈膝上抬，大腿不要过于紧张，否则不能很好地缓冲足球带来的冲力。

触球后，足球向上弹起，同时身体落地。

足球落地后，顺势带球前进，衔接下一个动作。

技巧 **069**

▶ **脚弓反向停球**（地滚球）

扫一扫，看视频

难度等级 ★★★☆☆　⏱时间 5分钟

point
右脚脚弓轻触球面停球

观察足球的运动路线，身体面对来球方向，随时做好接球准备。

足球接近时，以左脚为轴，身体向右转动，同时右脚脚弓轻触球面。

足球继续向前移动，身体随之转动。

point
牢牢控住足球

💡 **小提示**

脚弓轻触球面后，不要让足球完全停下来，同时要顺势自然地转身。

身体配合足球的运动转动，向目标方向带球前进。

自然衔接下一个动作。

第3章 停球技术

技巧 070

▶ **外脚背反向停球**（地滚球）

难度等级 ★★★☆☆　　⏱时间 5分钟

观察足球的运动路线，身体面对来球方向，随时做好接球准备。

足球接近时，左脚抓地支撑身体，右腿上抬。

point 从足球的侧面触球

用外脚背触球。

🔑 **技术要领**

触球的同时转身

用外脚背轻触球面，在控制球速的同时顺势转身。

在触球的瞬间转身变向，保证足球在身体可控范围内。

向目标方向带球前进，自然衔接下一个动作。

停球技术

▶ 脚底反向停球（地滚球）

技巧
071

难度等级 ★★★★★　　⊘ 时间　5分钟

观察足球的运动路线，身体面对来球方向，随时做好接球准备。

point
判断好足球接近的时机

足球接近时，左脚抓地支撑身体，保持身体平稳，右腿向上抬起。

point
不要让足球脱离控制

小提示

如果需要快速改变方向，可以自上而下踩球。但此动作的难度较大，很容易失误，所以在停球时顺利减弱足球的冲力是关键。

用脚底的大脚趾根部触球，可以通过改变触球时间来调整球速。同时身体向右转。

身体配合足球的运动转动，并保证足球在身体可控范围内。

身体的朝向与足球的运动方向保持一致。

向目标方向带球前进，自然衔接下一个动作。

技巧 **072**

停球技术

▶ **外脚背反向停球**（半高球）

扫一扫，看视频

难度等级 ★★★☆☆　　时间 5分钟

观察足球的飞行路线，身体面对来球方向，随时做好接球准备。

找准足球下落的时机，左脚抓地支撑身体，右腿上抬外摆。

point
转身的同时触球

上半身向右转动，同时用外脚背触球。

身体配合足球的运动转动。

向目标方向带球前进，自然衔接下一个动作。

技巧 **073**

▶ 胸部反向停球（半高球）

扫一扫，看视频

难度等级 ★★★☆☆　　⏱ 时间　5分钟

观察足球的飞行路线，身体面对来球方向，随时做好接球准备。

找准足球下落的时机，双腿稍屈膝，调整站位，双臂上抬，身体后仰，准备接球。

point
转身时保持挺胸

用胸部触球，身体微向右转动。

继续右转，使足球向身后运动。

身体配合足球的运动转动，让足球处于身体可控范围内。

向目标方向带球前进，自然衔接下一个动作。

技巧 074

▶ 脚弓反向停球（地滚球）

难度等级　★★★☆☆　　时间　5分钟

观察足球的运动路线，身体面对来球方向，随时做好接球准备。

足球接近时，左脚抓地支撑身体，保持身体平稳，右腿向上抬起。

用右脚脚弓触球，将足球拉向右方。

右脚向足球的运动方向跨一大步。

身体配合足球的运动转动，让足球处于身体可控范围内。

向目标方向带球前进，自然衔接下一个动作。

停球技术

技巧 **075**

▶ # 外脚背变向停球（地滚球）

扫一扫，看视频

难度等级 ★★★☆☆　　🕐 时间　5分钟

观察足球的运动路线，身体面对来球方向，随时做好接球准备。

足球接近时，左脚抓地支撑身体，右腿向上抬起，脚尖稍内旋。

用右脚外脚背从足球的侧面触球。

🔑 **技术要领**

触球时移动身体重心

用外脚背变向停球时，要观察好足球的运动路线，在触球的同时移动身体重心，并改变足球的运动方向。

身体配合足球的运动转动，让足球处于身体可控范围内。

向目标方向带球前进，可以通过调整停球脚的朝向来改变足球的运动方向。

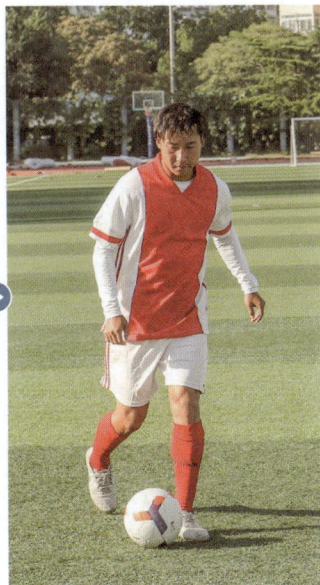

技巧 **076**

▶ **脚底变向停球**（地滚球）

难度等级 ★★★☆☆　　时间 5分钟

point
停球脚不要
抬得过高

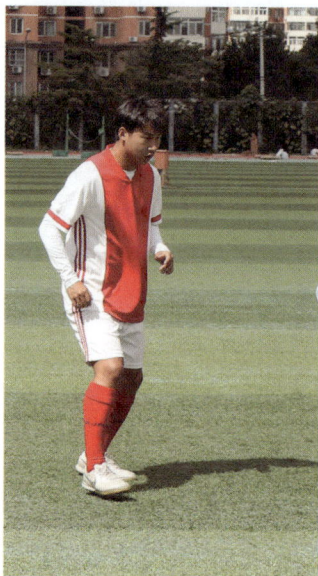

> 观察足球的运动路线，身体面对来球方向，随时做好接球准备。

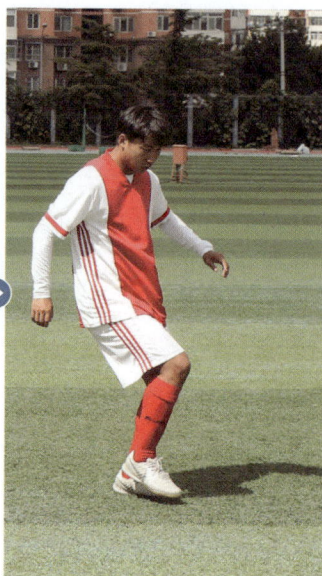

> 足球接近时，左脚抓地支撑身体，保持身体平稳，右腿向上抬起。

> 用脚底触球，触球点在足球中心稍偏内的位置。

💡 **小提示**

脚底变向停球是可以在瞬间停球并改变其运动方向的动作，在足球比赛中能迅速改变场上节奏。

> 身体配合足球的运动转动，让足球处于身体可控范围内。

> 向目标方向带球前进，可以通过调整停球脚的朝向来改变足球的运动方向。

停球技术

技巧 **077**

▶ 脚弓变向停球（半高球）

难度等级 ★★★☆☆　　🕐 时间　5分钟

观察足球的飞行路线，身体面对来球方向，随时做好接球准备。

足球接近时，左脚抓地支撑身体，保持身体平稳，右腿向上抬起。

point
一边移动身体重心，
一边用脚弓触球

在足球快要落地的瞬间，用右脚脚弓触球。

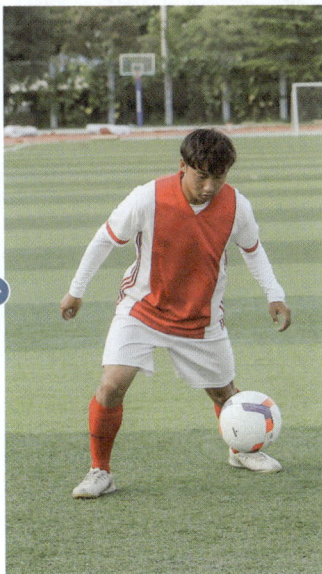

🔑 技术要领

触球瞬间脚的朝向

触球时改变脚的朝向，可以改变足球的运动方向。

身体配合足球的运动转动，让足球处于身体可控范围内。

向目标方向带球前进，自然衔接下一个动作。

技巧 078

▶ **外脚背变向停球**（半高球）

难度等级 ★★★☆☆　⏱时间 5分钟

扫一扫，看视频

point
外脚背触球

💡 **小提示**

半高球会落地反弹，所以要控制反弹球且需要变向时，脚一定要接触球面。停球时，应迅速移动到足球的落点，一边减小足球的冲力，一边横向移动。

▌ 观察足球的飞行路线，身体面对来球方向，右腿向上抬起，随时做好接球准备。

▌ 在足球落地的瞬间，用外脚背靠近脚踝处触球，触球点在足球中心偏上的位置。

▌ 一边移动身体重心，一边向足球的运动方向移动。

▌ 身体配合足球的运动转动。

▌ 向目标方向带球前进，自然衔接下一个动作。

第3章

技巧 079

▶ 脚底变向停球（半高球）

难度等级 ★★★☆☆　　时间 5分钟

观察足球的飞行路线，身体面对来球方向，随时做好接球准备。

找准足球下落的时机，左脚支撑身体，右腿向上抬起。

用脚掌稍偏外的位置触球，将足球停在脚下。

point
脚底停球

🔑 **技术要领**

放松脚踝

因为足球本身具有惯性，所以足球冲力越大，脚踝越要放松，有时还需要轻轻跳起，以减弱脚部力量。

停球后，右脚脚弓横向触球，同时身体向右转动。

向目标方向带球前进，自然衔接下一个动作。

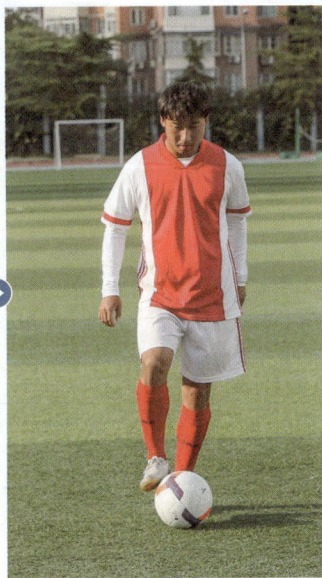

技巧
080

▶ **胸部变向停球**（半高球）

难度等级 ★★★☆☆　　🕐 时间　5分钟

扫一扫，看视频

观察足球的飞行路线，身体面对来球方向，随时做好接球准备。

找准足球下落的时机，双腿稍屈膝，双臂上抬。

调整身体站位，身体微后仰准备用胸部接球。

point
触球的同时转身

用胸部触球，同时身体向右转动，改变足球的反弹方向。

向目标方向带球前进，自然衔接下一个动作。

停 球 技 术

技巧 081

▶ **大腿变向停球**（半高球）

难度等级 ★★★☆☆　时间 5分钟

扫一扫，看视频

观察足球的飞行路线，身体面对来球方向，随时做好接球准备。

找准足球下落的时机，左脚抓地支撑身体，右腿上抬，用大腿根部稍偏外的位置触球。

根据出球方向，身体向右转动。

向目标方向带球前进，自然衔接下一个动作。

point
大腿触球

💡 **小提示**

大腿根部较为柔软，所以能够减小足球的冲力。如果需要快速出球，可以用大腿靠近膝盖的坚硬部位触球。如果想要使足球垂直下落，用大腿根部中心触球更合适。

技巧 082

▶ 边线停球 1

难度等级 ★★★☆☆　⏱时间　5分钟

扫一扫，看视频

在接球前，观察好对方球员的位置，身体面对来球方向，随时做好接球准备。

足球接近时，右脚脚弓触球，不让足球在脚下停留。

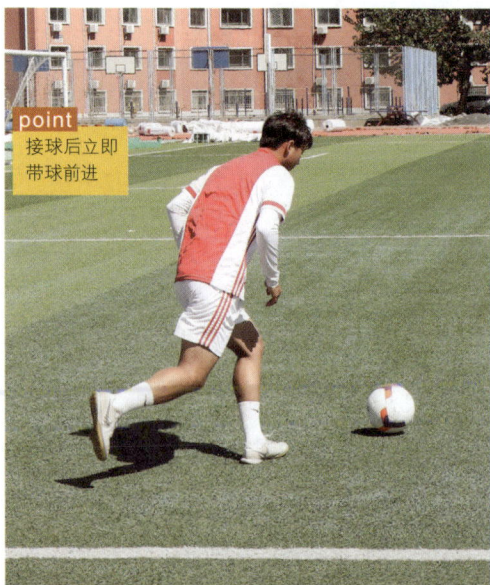

point
接球后立即带球前进

🔑 技术要领

提高停球技术水平

足球比赛中，在对方球员盯防太紧时，为了防止足球被对方球员抢走，要在传球时做到流畅、迅速，接球后要立即带球移动。所以球员应努力提升自己的停球与控球技术水平。

向目标方向带球前进，自然衔接下一个动作。

第3章 停球技术

技巧 083

▶ 边线停球 2

扫一扫,看视频

难度等级 ★★★☆☆ 时间 5分钟

在接球前,观察好对方球员的位置,身体面对来球方向,随时做好接球准备。

point
不要降低跑动速度

向足球跑动,准备停球。

足球接近时,右脚脚弓触球,不让足球在脚下停留。

向目标方向带球前进,自然衔接下一个动作。

第4章

带球过人技术

当防守球员靠近并施加压力时，控球球员巧妙地利用速度或动作方向的变化有助于突破防守。熟练运用带球过人技术，对改变比赛节奏、变换战术及创造射门机会都有很大的帮助。

技巧
084

▶ **带球越过对手**

难度等级 ★★★★☆　　⏱时间 5分钟

扫一扫，看视频

point 朝防守球员带球移动

两名球员保持一定距离，面对面站立，进攻球员持球，向防守球员的方向带球前进。保持身体平稳，让足球保持在身体可控范围内，并观察防守球员的动作。

point 身体重心左移后迅速朝右带球过人

带球快速冲向防守球员，做左脚和身体重心左移的假动作。

突然改变方向，迅速朝右侧带球移动，使防守球员失去平衡，越过防守球员将足球直线带向球门。

技巧
085

▶ **通过带球保持控制权**

难度等级 ★★★★☆ 　时间 5分钟

两名球员保持一定距离，面对面站立，进攻球员持球，降低身体重心，让足球保持在身体可控范围内。

当防守球员上前施压时，做左脚和身体重心左移的假动作，使防守球员失去平衡。

迅速用右脚向右前方踢球，越过防守球员后可以将球传给队友。

point
用假动作让防守球员失去平衡

💡 **小提示**

在带球前进时，要让足球位于身体下方，尽量靠近脚部。在这种姿势下，身体可以在快速改变方向的同时牢牢控住足球。还要在身体下方留出较大的控制区域，使足球距离防守球员较远。

技巧
086

带球过人技术

▶ **通过带球获得速度**

扫一扫，看视频

难度等级 ★★★★☆ 　⏱时间 5分钟

带球向前移动，使足球始终处于身体可控范围内。

用外脚背将足球向前推，然后迅速沿直线跑向足球。

大步加速跑向足球，继续用外脚背向前推球。

point
外脚背触球

💡 **小提示**

向前推球时，要让足球保持在脚前方，大步跑向前推球，不要像通过带球保持控制权那样每前进一两步就触球。

技巧 **087**

▶ **弹性带球**

难度等级 ★★★★☆　⏱时间 5分钟

进攻球员持球，防守球员准备防守。

进攻球员用右脚外脚背触球，以小步幅快速带球前进，使防守球员感受到压力。

防守球员上前拦截时，进攻球员做准备用右脚外脚背向右踢球的假动作。

point 用右脚脚弓向防守球员身体正前方拨球

当防守球员的身体向该侧移动时，进攻球员迅速用右脚脚弓将足球拨到防守球员身体正前方。

💡 **小提示**

弹性带球除了要具备扎实的足球基本功外，还要在场上占据有利位置，最重要的是要有良好的判断能力来预测防守球员的下一步动作。

进攻球员用右脚脚弓将足球踢向左前方，在防守球员来不及伸脚拦截时，加速移动摆脱防守。

带球过人技术

技巧
088

▶ **之字形踩单车**

难度等级 ★★★★☆　　⏱时间　5分钟

扫一扫，看视频

以跑步姿势带球前进，使足球处于身体可控范围内。

左脚踩在足球左侧，保持身体稳定，右腿向后摆。

point
右脚绕过足球

右脚像画圈一样，由左至右从足球前方绕过，给对手造成想要向右拨球的假动作。

右脚绕过足球后，身体重心随之右移。

💡 **小提示**

在足球四周做快速绕圈的假动作，可以使对手判断错误，从而实现带球过人。此动作的重点不仅仅是脚要绕过足球，身体重心也要随之移动。

趁对手向右移动时，左脚外脚背向左拨球，迅速摆脱防守，继续带球前进。

带球过人技术

技巧 **089**

▶ **克鲁伊夫转身**

扫一扫，看视频

难度等级 ★★★★☆　　⏱时间 5分钟

以跑步姿势带球前进，使足球处于身体可控范围内。

左脚踩在足球左侧，手臂打开保持身体稳定，右腿向后摆，做准备大力踢球的假动作。

左脚抓地支撑身体，右腿向外摆。

右脚落地的同时用脚弓触球，从而改变足球的运动方向。

🔑 **技术要领**

触球点在足球的外侧

从足球的外侧触球，更容易衔接后面的扭转脚踝和迅速变向的动作。

左脚站稳后，让足球从左脚后方经过，顺势扭转身体，改变身体的朝向，继续带球前进。

带球过人技术

技巧
090

▶ **马赛回旋**

扫一扫，看视频

难度等级 ★★★★☆　　🕐 时间　5分钟

以跑步姿势带球前进，使足球处于身体可控范围内。

在防守球员近距离拦截前，用右脚脚底触球，将足球停在脚下。

point
迅速且流畅地交换双腿

左脚向上跳起，在转体的同时交换双腿，使左脚控球，右脚支撑身体。

左脚将足球向后拨，身体顺势转身，摆脱防守，继续带球移动。

💡 **小提示**

球员应使足球始终处于身体可控范围内，同时观察防守球员的动作并做出判断；还要把握好时机，在防守球员逼近前停球，转身时要正好背对防守球员。注意转身的方向要根据场上的实际情况来定。

第4章　带球过人技术

▶ 彩虹过人

技巧 **091**

难度等级 ★★★★☆　　时间　5分钟

以跑步姿势带球前进，逐渐调整双脚和足球之间的距离，将足球夹于两脚之间。

用右脚脚趾将足球沿着左腿小腿后侧向上挑起。

point
左脚脚后跟
中心触球

双脚向上跳起，同时左脚脚后跟向上踢球。

踢球时尽量抬高脚后跟，身体顺势前倾，防止足球击中自己的后背。

足球飞过头顶，双眼始终注视着足球。

摆脱防守，向足球的运动方向移动，接球后继续带球前进。

带球过人技术

技巧
092

▶ **插花脚过人**

难度等级 ★★★★☆　　⏱时间　5分钟

目视足球，身体自然放松。与足球保持一定的距离，从足球的右后方直线助跑。

向足球移动时，双臂打开，保持身体平衡。

左脚踩在足球右侧支撑身体，右腿向后摆。

右脚脚弓从左腿后方触球，摆脱防守，继续带球前进。

point
右脚脚弓触球

🔑 **技术要领**

扰乱对手节奏

如果想要踢出出乎对手意料的球，可以加入跨球动作。跨球后使用插花脚过人可以扰乱对手的节奏，但此动作具有一定的难度，需要多加练习。

技巧
093

▶ 从内侧出球

难度等级 ★★★★☆　　时间 5分钟

进攻球员与防守球员保持一定距离，面对面站立，进攻球员带球前进，缩小与防守球员之间的距离。

当防守球员上前施压后，进攻球员右脚内旋，向斜前方踢球。

进攻球员迅速跑向防守球员的另一侧。

在防守球员来不及反应时，进攻球员突破防守，向足球跑去。

💡 小提示

此动作能否成功主要取决于出球的时机，如果带球时与防守球员距离过远，将足球向另一侧踢出时，防守球员就会很容易追上足球。

带球过人技术

技巧
094

▶ **从外侧出球**

扫一扫，看视频

难度等级 ★★★★☆　　🕐时间　5分钟

进攻球员与防守球员保持一定距离，面对面站立，进攻球员带球前进，缩小与防守球员之间的距离。

当防守球员上前施压后，进攻球员身体重心左移，右脚脚踝变向，将足球向防守球员身体左侧踢出。

足球从防守球员身体左侧经过，同时进攻球员迅速从另一侧突破防守。

在防守球员来不及反应时，进攻球员迅速摆脱防守，向足球跑去。

💡 **小提示**

进攻球员通过向与足球运动方向不同的方向跑来扰乱防守球员的判断，使用该动作时首先要确认防守球员身后有足够的空间，同时触球的时机也非常重要。

带球过人技术

技巧
095

▶ **连续踩单车**

扫一扫，看视频

难度等级 ★★★★☆ ⏱时间 5分钟

point
右脚绕过
足球

以跑步姿势带球前进，使足球处于身体可控范围内。

左脚踩在足球左侧，右脚像画圈一样，由左向右从足球前方绕过，做想要向右拨球的假动作。右脚绕过足球后，身体重心随之右移。

point
左脚绕过
足球

换左脚由右向左从足球前方绕过。

左脚绕过足球后，身体重心左移，如此交替重复跨球动作。

技巧 **096**

▶ # 双脚交替连击

扫一扫，看视频

难度等级 ★★★★☆　⏱时间 5分钟

进攻球员与防守球员保持一定距离，面对面站立，进攻球员持球，使足球处于身体可控范围内。

当防守球员上前施压后，进攻球员左脚踩地，用右脚脚弓触球。

将足球踢向左侧，同时身体向左移动。

左脚触球，带球向前推进。迅速摆脱防守，继续向前带球。

🔑 **技术要领**

保持身体重心稳定

双脚交替连击是先用一只脚击球，当足球变向后，迅速用另一只脚将足球踢出，从而突破防守。注意在改变足球的运动方向时，要保持身体重心稳定，否则容易让对手猜出带球方向。

技巧
097

▶ 闪电踩单车

难度等级 ★★★★☆　　⏱时间　5分钟

扫一扫，看视频

进攻球员与防守球员保持一定距离，面对面站立，进攻球员持球，使足球处于身体可控范围内。

point
大步
跨球

当防守球员上前施压后，进攻球员右脚由内向外从足球前方大步跨过。

右脚跨过足球的同时，左脚上前。

右脚脚弓触球。

将足球踢向左侧，同时身体向左移动。

左脚触球，带球向前推进。迅速摆脱防守，继续向前带球。

▶ **脚底变向**

扫一扫，看视频

难度等级 ★★★★☆　⏱时间 5分钟

进攻球员与防守球员保持一定距离，面对面站立，进攻球员持球，使足球处于身体可控范围内。

当防守球员上前施压后，进攻球员的身体重心左移，做准备向左前方踢球的假动作。

右脚脚底触球，将足球控制在脚下。

point
向左
拨球

右脚向左拨球，同时身体向左移动。拨球后右腿顺势前摆，保持身体稳定。

用左脚脚弓接住横向滚动的足球。

摆脱防守，继续向前带球。

技巧
099

▶ **变向转身外脚背击球**

扫一扫，看视频

难度等级 ★★★★☆　时间 5分钟

进攻球员与防守球员保持一定距离，面对面站立，进攻球员持球，使足球处于身体可控范围内。

接近防守球员后，观察好球的位置，进攻球员右脚踩地，同时以右脚为轴转身。

转身的同时左脚前脚掌触球，身体背对防守球员。

左脚将足球向后拉。

左脚外脚背触球，在完成转身的同时顺势带球向前推进。

摆脱防守，继续向前带球。

进攻球员与防守球员保持一定距离，面对面站立，进攻球员持球，使足球处于身体可控范围内。

point
足球从胯下穿过

迅速用右脚外脚背击球，使足球从防守球员的胯下穿过。

技术要领

注意观察对手的动作

此动作成功与否取决于能否准确判断对手的动作，开始的假动作主要用来误导对手，如果想要让足球从其两腿之间通过，就需要对手留出足够的空间，否则足球会被拦下。

当防守球员上前施压后，进攻球员的身体重心左移，做右脚脚弓要将足球踢向左前方的假动作。

实际是用右脚脚弓将足球向左侧踢，同时身体向左侧移动。在防守球员做出反应时，用右脚外脚背对准足球，瞄准对方胯下出现的空当。

在防守球员来不及反应时，迅速摆脱防守，继续向前带球。

小提示

足球运动强调全场的紧逼和身体的对抗，球员在实际比赛中出球的空间越来越小，可使用穿裆过人技术。这种声东击西的带球过人技术可以让对手无暇反应，例如，先假装要从对手的右侧突破，在足球穿过对手胯下后，立刻从对手的左侧跑过。

技巧 101

▶ **踩单车内外侧连续击球**

扫一扫，看视频

难度等级 ★★★★☆　　⏱ 时间　5分钟

进攻球员与防守球员保持一定距离，面对面站立，进攻球员持球，使足球处于身体可控范围内。

当防守球员上前施压后，进攻球员的右脚由内向外从足球前方大步跨过。

右脚跨过足球的同时，身体重心落在左脚上。

point
假装要向右侧突破

身体顺势向左侧移动，做向防守球员右侧突破的假动作，防守球员也随即到该侧防守。

在防守球员做出反应时，进攻球员立即用右脚外脚背触球，身体重心顺势右移。

摆脱防守，继续向前带球。

带球过人技术

▶ 穿裆过人

技巧 **102**

扫一扫，看视频

难度等级 ★★★★☆　　⏱ 时间　5分钟

进攻球员与防守球员保持一定距离，面对面站立，进攻球员持球，使足球处于身体可控范围内。

当防守球员上前施压后，进攻球员左脚踩地支撑身体，右脚向上抬起并外旋。

瞄准防守球员两腿之间的空当，右脚向前推球。

point
从防守球员的两腿间过球突破

足球从防守球员两腿之间穿过，进攻球员顺势将右腿向左摆，从防守球员右侧突破。

💡 **小提示**

想要让足球顺利穿过，就要找准防守球员胯下出现空当的时机，所以击球的时机、方向，以及与防守球员的距离都非常重要。

摆脱防守，继续向前带球。

带球过人技术

技巧
103

▶ **法尔考假动作**

扫一扫，看视频

难度等级 ★★★★☆ ⏱时间 5分钟

进攻球员与防守球员保持一定距离，面对面站立，进攻球员持球，使足球处于身体可控范围内。

左脚踩在足球左后方，保持身体稳定，右脚向上抬起。

右脚由左向右从足球前方绕过。

右脚绕过足球后，左脚脚弓触球，做准备向右前方突破的假动作。

左脚脚弓停球，并迅速向左前方拨球，顺势从防守球员右侧突破。

摆脱防守，继续向前带球。

技巧
104

▶ **交叉步与变向**

扫一扫，看视频

难度等级 ★★★★☆ ⏱ 时间 5分钟

进攻球员与防守球员保持一定距离，面对面站立，进攻球员右脚脚掌触球，将足球控制在脚下。

右脚脚掌轻轻向后拉球，引诱防守球员上前抢球。

point
使用交叉步向左侧踢球

配合足球的运动，右脚使用交叉步将足球踢向左侧。

当防守球员准备从进攻球员的左侧抢球时，进攻球员迅速向左侧伸出左脚，用左脚脚掌停球。

左脚将足球拉回右侧，接着用右脚脚弓带球向前推进。迅速摆脱防守，继续向前带球。

技巧 **105**

▶ **洗牌**

扫一扫，看视频

难度等级 ★★★★☆ 　⏱ 时间　5分钟

进攻球员与防守球员保持一定距离，面对面站立，进攻球员右脚脚掌触球，将足球控制在脚下。

右脚迅速将足球向左后方拉。

足球移动到身体下方后，身体重心左移。

point
左脚接球

左脚接球，带球向前推进，从防守球员右侧突破。

摆脱防守，继续向前带球。

💡 **小提示**

洗牌是指迅速改变足球的运动方向，晃过防守球员。脚部快速变向是此动作的关键。

技巧
106

▶ 滑步穿裆

难度等级 ★★★★☆　　时间 5分钟

扫一扫，看视频

进攻球员与防守球员保持一定距离，面对面站立，进攻球员持球，使足球处于身体可控范围内。

右脚脚弓推球，带球由右向左绕过支撑腿。

转身过半时，右脚脚掌停球，引诱防守球员上前抢球。

当防守球员上前抢球时，用右脚脚掌将足球拉回身前。

point 把握好防守球员迈步的时机

看准时机，在防守球员两脚之间出现空当时，用右脚外脚背击球穿裆。

足球从防守球员两脚之间穿过，进攻球员顺势从防守球员左侧突破防守，继续向前带球。

技巧 **107**

▶ **二次击球穿裆**

扫一扫，看视频

难度等级 ★★★★☆　⏱时间　5分钟

进攻球员与防守球员保持一定距离，面对面站立，进攻球员持球，使足球处于身体可控范围内。

右脚脚弓触球，将足球向左前方踢出。

左脚脚弓停球，身体随之向左前方移动。

左脚脚弓轻轻击球，稍微改变足球的运动方向，同时注意与防守球员的距离不要过近。

看准时机，在防守球员两脚之间出现空当时，用右脚脚弓二次击球穿裆。

足球从防守球员两脚之间穿过，进攻球员顺势从防守球员右侧突破防守，继续向前带球。

第4章

带球过人技术

技巧 108

▶ 交叉腿与变向

扫一扫，看视频

难度等级 ★★★★☆　　⏱时间 5分钟

进攻球员与防守球员保持一定距离，面对面站立，进攻球员持球，使足球处于身体可控范围内。

双腿屈膝，控制好与防守球员之间的距离。

point
迅速改变足球的运动方向

当防守球员上前施压后，左脚迅速向前跨一大步，身体重心右移，同时右脚向右前方带球。

顺势从防守球员左侧带球突破。

💡 小提示

练习时，要从前后交叉腿开始，注意控制好与防守球员之间的距离，做到在其身前迅速使足球变向。

摆脱防守，继续向前带球。

117

技巧 **109**

▶ **交叉式与外脚背击球**

扫一扫，看视频

难度等级 ★★★★☆　　⏱时间　5分钟

进攻球员与防守球员保持一定距离，面对面站立，进攻球员持球，使足球处于身体可控范围内。

双腿屈膝，控制好与防守球员之间的距离。

当防守球员上前施压后，左脚迅速向前跨一大步，身体重心右移，同时右脚向前踢球。

point
转换支撑腿

双腿交叉后换右腿为支撑腿，左脚外脚背触球。

左脚外脚背向左前方踢球，顺势从防守球员右侧带球突破。

摆脱防守，继续向前带球。

带球过人技术

▶ **后拉球变向**

难度等级 ★★★★☆　　⊙ 时间　5分钟

进攻球员右脚脚掌触球，降低身体重心，用身体挡住防守球员，使其难以判断足球的位置。

point
双脚后跳的同时右脚向后拉球

双脚向后跳，同时右脚将足球拉至身前，双臂打开对防守球员施压。

右脚外脚背触球，将足球向右后方踢出。

摆脱防守，继续带球移动。

🔑 **技术要领**

在挡住防守球员视线的同时，灵活地转身

这是在转身的同时突破防守的过人技术，重点在于降低身体重心，用身体挡住防守球员，使其看不到足球的位置，然后灵活地完成转身。

技巧
111

▶ **假停球掩护裆下传球**

扫一扫，看视频

难度等级 ★★★★☆　　时间 5分钟

降低身体重心，用身体挡住防守球员，做出积极向前迎接传球的准备。

配合足球的运动，向前移动。

在足球接近时，左脚向前出脚，做要停球的假动作。

右脚触球，使足球从防守球员两腿之间穿过。

💡 **小提示**

此动作通过大幅度的假动作来摆脱防守球员，当足球从裆下通过后要迅速转身。足球比赛中，越是被紧密盯防时，使用这个动作的成功率越高。

在足球从防守球员两腿之间穿过的瞬间，迅速转身突破防守，上前追球。

带球过人技术

技巧 **112**

▶ **脚底停球穿裆**

扫一扫，看视频

难度等级 ★★★★☆ ⏱时间 5分钟

观察足球的飞行路线，用身体挡住防守球员，随时做好停球准备。

配合足球的下落轨迹，向前移动。

在足球快要接触地面时，左脚踩地支撑身体，右腿上抬。

point
右脚前脚掌触球

足球落地后，右脚将足球踩在脚下，防止足球回弹。

右脚踩住足球的同时，用脚底将足球拉至身前。

在防守球员两腿之间出现空当时，用右脚外脚背击球，同时左脚蹬地转身。

足球从防守球员两腿之间穿过，进攻球员顺势从防守球员左侧突破防守，上前追球。

技巧
113

▶ **外跨球反向回身**

难度等级 ★★★★☆　　⏱时间　5分钟

扫一扫，看视频

进攻球员持球，使足球处于身体可控范围内。用身体挡住防守球员，使其难以判断足球的位置。

控制好与防守球员之间的距离，右脚向前迈步。

point
用包含转身的大幅度假动作迷惑防守球员

左脚大幅度向右前方跨球，注意用身体遮挡防守球员的视线，使其看不到足球。

在防守球员因跨球动作而改变身体重心的瞬间，以左脚为轴，向左转身。

最开始跨球的假动作幅度要大

此动作的关键在于最开始跨球的假动作要做到位。身体前倾，保持身体重心稳定，同时大幅度地跨球，然后身体重心向对侧移动，这样整个动作才能迅速、连贯。

身体重心前移，右脚踩地支撑身体，左腿向后摆。

右脚脚弓触球，将足球踢出。顺势从防守球员左侧摆脱防守，继续向前带球。

技巧 **114**

▶ **内侧击球穿裆**

难度等级 ★★★★☆   ⏱时间 5分钟

进攻球员持球，使足球处于身体可控范围内，并用身体挡住防守球员，使其难以判断足球的位置。

右脚脚掌触球，降低身体重心，双臂打开对防守球员施压。

右脚将足球向后拉，在防守球员两脚之间出现空当时，将脚掌抬离足球。

右脚脚尖内侧触球，使足球从防守球员两脚之间穿过。

💡 **小提示**

注意在控球的同时观察防守球员的动作，当防守球员伸脚夺球，胯下出现空当时，便是最佳的突破时机。

顺势从侧面摆脱防守，继续向前带球。

技巧 115

带球过人技术

▶ 180° 转身（右侧突破）

扫一扫，看视频

难度等级　★★★★☆　　⏱时间　5分钟

进攻球员持球，使足球处于身体可控范围内，并用身体挡住防守球员，使其难以判断足球的位置。

以左脚为轴，右脚脚弓触球，身体向左转体。

转身的同时，身体重心向准备突破的方向移动。

point
迅速将足球踢出

转身后，迅速用右脚外脚背触球，将足球向前踢出，防止防守球员挡住去路。

🔑 **技术要领**

迅速击球突破

将脚置于防守球员与足球之间，防止足球被抢断，并以最快的速度转身击球。

迅速突破防守，上前追球。

技巧 116

▶ **180° 转身**（左侧突破）

难度等级 ★★★★☆　　⏱时间 5分钟

进攻球员持球，使足球处于身体可控范围内，并用身体挡住防守球员，使其难以判断足球的位置。

以左脚为轴，右脚脚弓触球，身体向左转体。

继续向后转身，这时防守球员为挡住去路，会出脚拦截。

point
防守球员出脚拦截时，向另一侧踢球

在防守球员出脚拦截的瞬间，轻轻将足球向左前方踢出。

在防守球员来不及反应时，带球突破防守。

继续向前带球。

第4章

技巧 **117**

▶ 脚弓拨球变向穿裆

扫一扫，看视频

难度等级 ★★★★☆　　 ⏱时间　5分钟

进攻球员持球，使足球处于身体可控范围内，并用身体挡住防守球员，使其难以判断足球的位置。

以左脚为轴，右脚脚弓触球，身体向左转体。

继续向后转身，这时防守球员为挡住去路，会出脚拦截。

point
防守球员出脚拦截时胯下出现空当

脚踝发力，将足球踢向防守球员两腿之间的空当。

足球从防守球员两腿之间通过时，进攻球员调整身体重心，身体向前倾。

迅速突破防守，上前追球。

127

技巧 **118**

▶ **直向击球回旋镖式变向**

难度等级 ★★★★☆ ⏱时间 5分钟

扫一扫,看视频

进攻球员持球,使足球处于身体可控范围内,并用身体挡住防守球员,使其难以判断足球的位置。

配合足球的运动,向前移动。

用右脚脚弓搓球,使足球离开地面。

point
进攻球员和足球分别向防守球员身体两侧移动

足球剧烈旋转,绕向防守球员身体一侧。

在防守球员来不及反应时,立刻向防守球员另一侧跑去。

迅速突破防守,上前追球。

第4章

技巧 119

带球过人技术

▶ **虚踢**

难度等级 ★★★★☆   ⏱ 时间   5分钟

进攻球员与防守球员保持一定距离，面对面站立，进攻球员持球，使足球处于身体可控范围内。

观察好与防守球员之间的距离。

带球向前移动，缩小与防守球员之间的距离。

point
假装要传球给队友

左脚踩在足球左后方，保持身体稳定，向后大幅度摆动右腿，做准备向同伴传球的假动作。

在防守球员的身体重心移动时，立即用右脚脚弓改变足球的运动方向。

足球向防守球员身体另一侧移动，进攻球员顺势从侧面摆脱防守，继续向前带球。

带 球 过 人 技 术

▶ **后拉**

技巧
120

难度等级 ★★★★☆　　🕐 时间　5分钟

扫一扫，看视频

进攻球员与防守球员保持一定距离，面对面站立，进攻球员带球前进，缩小与防守球员之间的距离。

当防守球员上前施压后，进攻球员右脚脚掌触球，将足球控制在脚下。

把足球往防守球员够不到的位置推去。

在防守球员来不及反应时，带球突破防守。

小提示

此动作一般在自己和防守球员距离较近且身体两侧有空当的时候使用。此动作的重点是突然停下运球动作，把防守球员吸引过来，然后立刻向另一侧转体。注意在把防守球员往自己的运球方向吸引时，如果足球距离防守球员太近就会很容易被抢走。

将足球拉回至身体下方，在防守球员失去平衡时抓住时机，用右脚脚弓将足球向右踢。

顺势从侧面摆脱防守，继续向前带球。

▶ **挑球**

扫一扫，看视频

难度等级 ★★★★☆   ⏱ 时间 5分钟

进攻球员与防守球员保持一定距离，面对面站立，进攻球员持球，使足球处于身体可控范围内。

带球向前移动，缩小与防守球员之间的距离。

point
脚踝发力，脚尖向上挑球

在防守球员伸脚拦截时，用右脚脚踝发力，将足球向上挑起。

足球向防守球员左侧移动，在防守球员来不及反应时，进攻球员立刻向防守球员右侧跑去。

💡 **小提示**

此动作一般在对手迎面跑来抢球时使用，即使运动路线被堵死也能用脚尖将足球挑起，开辟新的路线。

迅速突破防守，上前追球。

技巧
122

▶ 假装停球

难度等级 ★★★★☆　　时间 5分钟

扫一扫，看视频

进攻球员持球，使足球处于身体可控范围内。防守球员位于进攻球员左后方，准备拦截。

进攻球员带球向前移动，并注意观察自己与防守球员之间的距离。

左脚踩在足球左侧，右腿向后摆。

point
右脚假装要停球

右脚脚掌触球，做要停球的假动作。

在防守球员停下的同时，右脚迅速把足球向前推出去。

顺势摆脱防守，继续向前带球。

技巧
123

带球过人技术

▶ **先向里扣再向外拨→挑球**

扫一扫，看视频

难度等级 ★★★★☆   ⏱时间 5分钟·

进攻球员与防守球员保持一定距离，面对面站立，进攻球员持球，使足球处于身体可控范围内。

带球向前移动，缩小与防守球员之间的距离。接着右脚脚弓触球，将足球轻轻向左侧踢。

踢球的同时身体重心左移，做要向防守球员右侧突破的假动作。

point
右脚向上挑球

右脚脚尖触球，将足球向上挑起。

💡 **小提示**

突然移动身体重心，可以扰乱防守球员的判断。在防守球员来不及反应的瞬间，带球从另一侧突破防守。

迅速从防守球员左侧突破防守，继续向前带球。

第 5 章

射门技术

　　射门是进攻的最终目标，也是能否取得胜利的关键影响因素。要想成功将足球踢进对方的球门，就需要球员控制好射门时的力度和精准度，在防守压力下保持精准的预判也非常重要。同时改善身体的力量、速度和灵敏度都可以提高射门的命中率。

射门技术

技巧
124

▶ **胸部停球脚背踢球射门**

扫一扫，看视频

难度等级 ★★★☆☆ ⏱时间 10~15分钟

观察足球的飞行路线，身体面对来球方向，随时做好接球准备。

找准足球下落的时机，双臂向上抬起，用锁骨下方的位置触球。

触球后足球向上弹起，迅速收胸、收腹，使足球落向脚下。

足球下落的同时，左脚踩地支撑身体，右腿向后摆。

point
脚背踢球

在足球快要落地的瞬间，用右脚脚背将足球踢向球门。

将足球踢出后，右腿随惯性大幅度上摆。

第5章

技巧 **125**

射门技术

▶ 射向球门中心

难度等级 ★★★☆☆　　⏱ 时间 10~15分钟

与球门保持一定距离面对球门站立，右手持球，将足球置于身前。

右手将足球向上抛起，目视足球。

身体向前移动，找准足球下落的时机。

左脚踩地支撑身体，右腿向后摆。

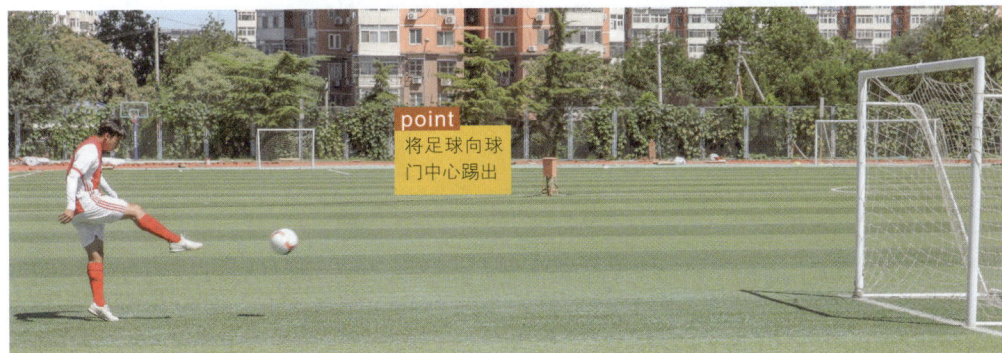

point
将足球向球门中心踢出

在足球快要落地的瞬间，用脚背触球，使足球飞向球门中心。

射门技术

▶ **击中目标**

难度等级 ★★★☆☆　　⊘ 时间　10~15分钟

在距离球门10米远处站立，前方放置一个足球，目视足球，从足球的左后方助跑。

接近足球后，左脚踩地支撑身体，同时右腿向后摆。

对准足球的中心，用右脚脚背将足球踢向球门，如此反复练习。

point
脚背踢球

🔑 **技术要领**

正脚背发力

踢球时，支撑腿保持身体平稳，踢球腿用大腿带动小腿，将力量集中在正脚背，像鞭子一样突然发力，踢出有力且大弧度的球。

第5章

技巧
127

射门技术

▶ **弧线球射门目标练习**

难度等级 ★★★☆☆ ⏱时间 10~15分钟

扫一扫，看视频

💡 **小提示**

以较小的角度从后面接近足球，踢球时要给足球施加足够的使其旋转的力，从而踢出弧线球。

▎在距离球门10米远处站立，前方放置一个足球，目视足球，从足球的左后方助跑。

▎接近足球后，左脚踩地支撑身体，同时右腿向后摆。

▎右脚触球，向球门踢出弧线球，如此重复练习。

技巧
128

▶ **抛球并凌空射门**

难度等级 ★★★★★　　⏱时间　10~15分钟

与球门保持一定距离面对球门站立，双脚自然分开，右手持球置于身前。

身体保持不动，右臂向上抬起。

point
向上抛球

右臂抬起至肩部所在的高度时，右手将足球向上抛。

身体重心前移，观察足球的运动轨迹，准备接球。

足球从空中落下，同时左脚抓地支撑身体，右腿向后摆。

在足球即将落地时，用右脚脚背将足球踢向球门。

侧凌空射门

技巧 **129**

射门技术

扫一扫，看视频

难度等级 ★★★☆☆　　**时间** 10~15分钟

供球者在距离球员20~25米处站立，向球员横向传球。球员观察足球的运动轨迹，准备接球。

找准足球下落的时机，向来球方向移动。

point
踢球的同时扭转身体

在足球接近时，左脚抓地支撑身体，右腿向后摆。

在足球即将落地时，用右脚脚背将足球踢向球门。

💡 **小提示**

侧凌空射门时，踢球腿有一个加速发力的过程，用大腿带动小腿，在脚背触球的瞬间发力，这要求球员具有较高的技术水平。

将足球踢出后，右腿随惯性大幅度上摆。

技巧 **130**

▶ 和目标球员配合射门

难度等级 ★★★☆☆　⏱时间　15~20分钟

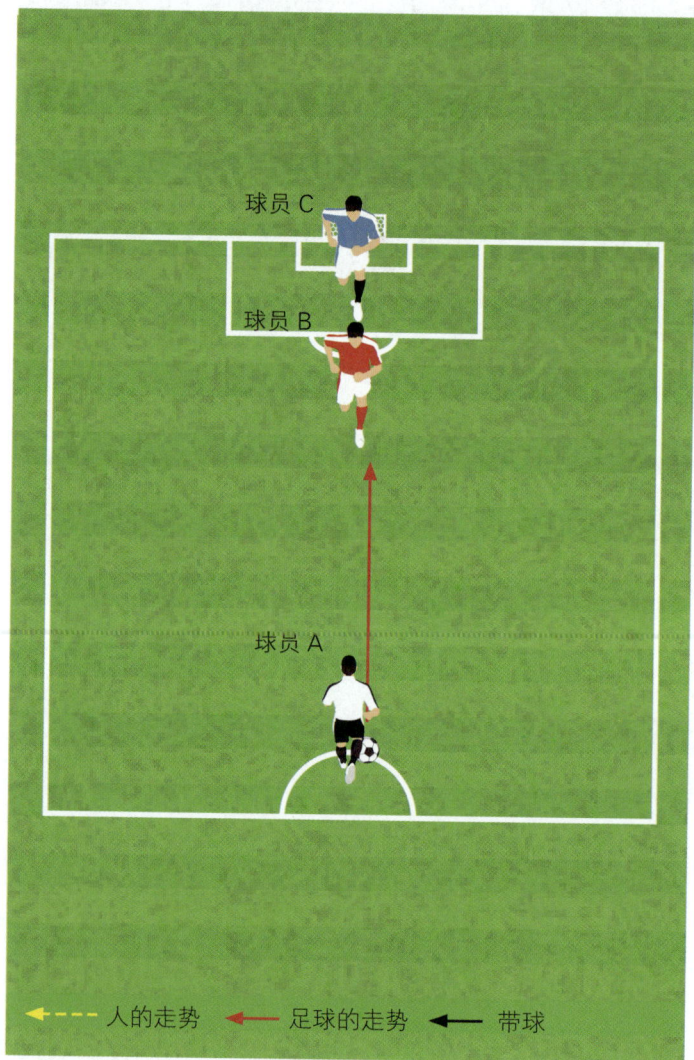

球员 C

球员 B

球员 A

‹- - - 人的走势　◀— 足球的走势　◀— 带球

🔑 技术**要领**

观察守门员的位置

此动作通过两名球员配合传球，然后进行射门。射门的球员要提前观察好守门员的位置，在接球后不要控球，立即将足球踢向球门。

❚ 球员A持球，与球员B距离30米面对面站立。球员B站在罚球区顶部，背对球门，球员C为守门员。

❚ 当听到教练的信号后，球员A带球向前移动几米，接着将足球传给球员B，球员B在罚球区顶部的外侧接球，然后立即带球冲向球门，并完成射门。

❚ 球员C要拦截所有射门球，然后快速回到起始位置。足球要在距离球门18米及更远的位置射出，成功射门得2分，被守门员拦下得1分。连续射门10次，然后所有球员相互交换位置，重复练习，使每名球员都能练习射门技术。

💡 小提示

踢球时保持头部稳定，视线落在足球上，以随足球的运动将其踢向球门。在动作熟练后，可以通过增加射门的距离与重复次数来增加练习难度。

射门技术

▶ 在压力下射门

难度等级 ★★★☆☆　⏱时间 15~20分钟

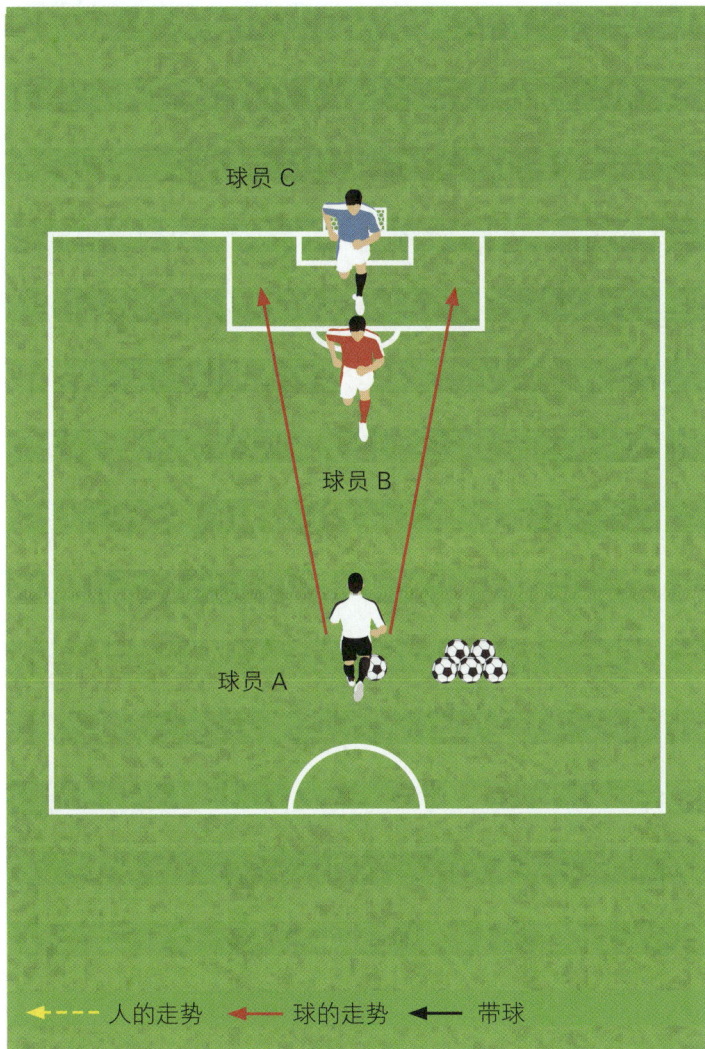

球员C

球员B

球员A

---- 人的走势　← 球的走势　← 带球

球员A持球，在距离球门25米处站立，旁边放置12个足球。球员B站在球员A前方，背对球门，球员C为守门员。

当听到教练的信号后，球员A向球员B身体一侧踢地滚球，球员B接球后立即转身冲向罚球区，用脚背触球射门，然后回到起始位置。

球员A再向球员B身体另一侧踢地滚球，球员B接球后再次冲进罚球区射门。球员A交替向球员B的身体两侧传球，球员B连续射门12次，然后和球员A交换位置。每次成功射门得2分，被守门员拦下得1分，得分最高的球员获胜。

💡 **小提示**

在压力下射门可以锻炼球员的反应能力，队友随机向其身体两侧传球，球员要根据来球方向立即做出判断并射门。此练习可以在一定程度上提高射门的成功率。

技巧
132

▶ 两次触球射门

难度等级 ★★★☆☆　　⏱时间　15~20分钟

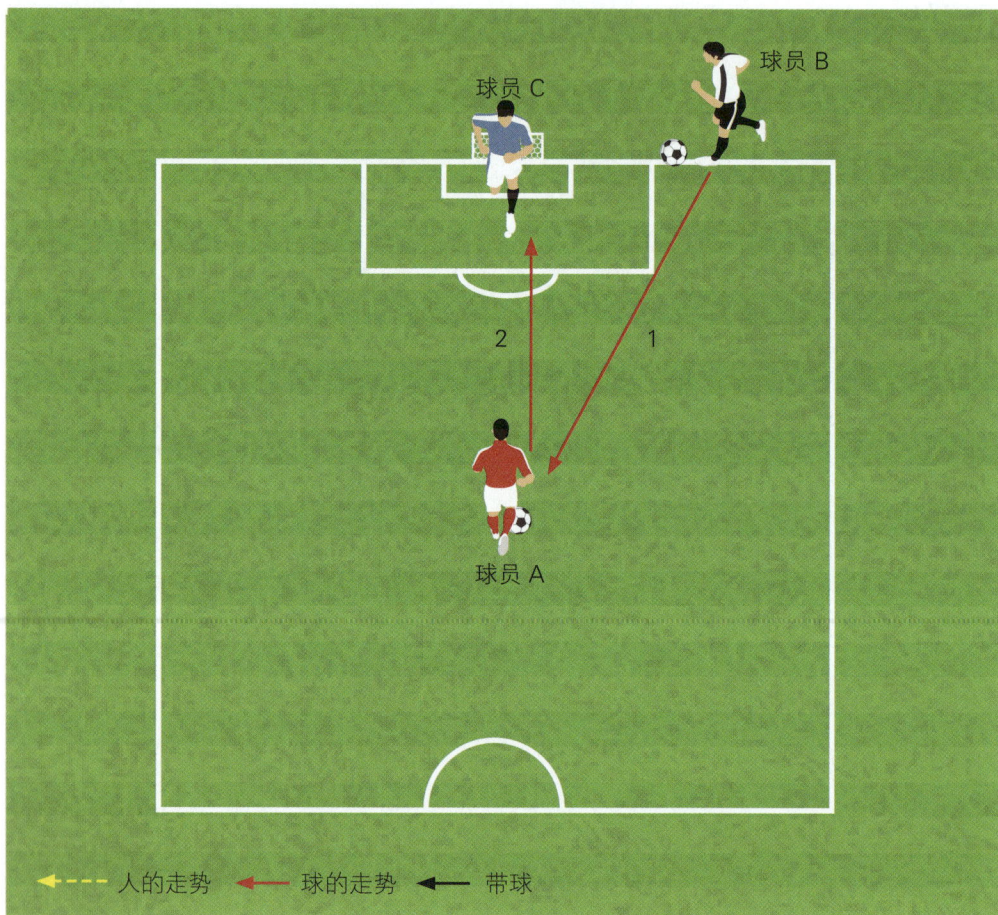

球员 B

球员 C

2　1

球员 A

◀----　人的走势　◀━━　球的走势　◀━━　带球

球员A持球，在距离球门25米处站立，球员B站在球门一侧供球，球员C为守门员。

当听到教练的信号后，球员B向球员A传一个空中球或地滚球。球员A向来球方向移动，第一次触球时将足球控制好，第二次触球时直接将足球射向球门，然后回到起始位置。

两次触球之后必须射门，且射门的距离不小于15米。如此重复射门10次。然后球员A和球员B交换位置，每次成功射门得2分，被守门员拦下得1分，得分最高的球员获胜。

💡 **小提示**

射门之前仅能触球两次。第一次触球是在接球时将足球推向球门，第二次触球是将足球踢向球门。在足球比赛中，触球的次数越少，对手成功拦截的概率就越小。

技巧

133

射门技术

▶ 带球射门

难度等级 ★★★☆☆　　时间 15~20分钟

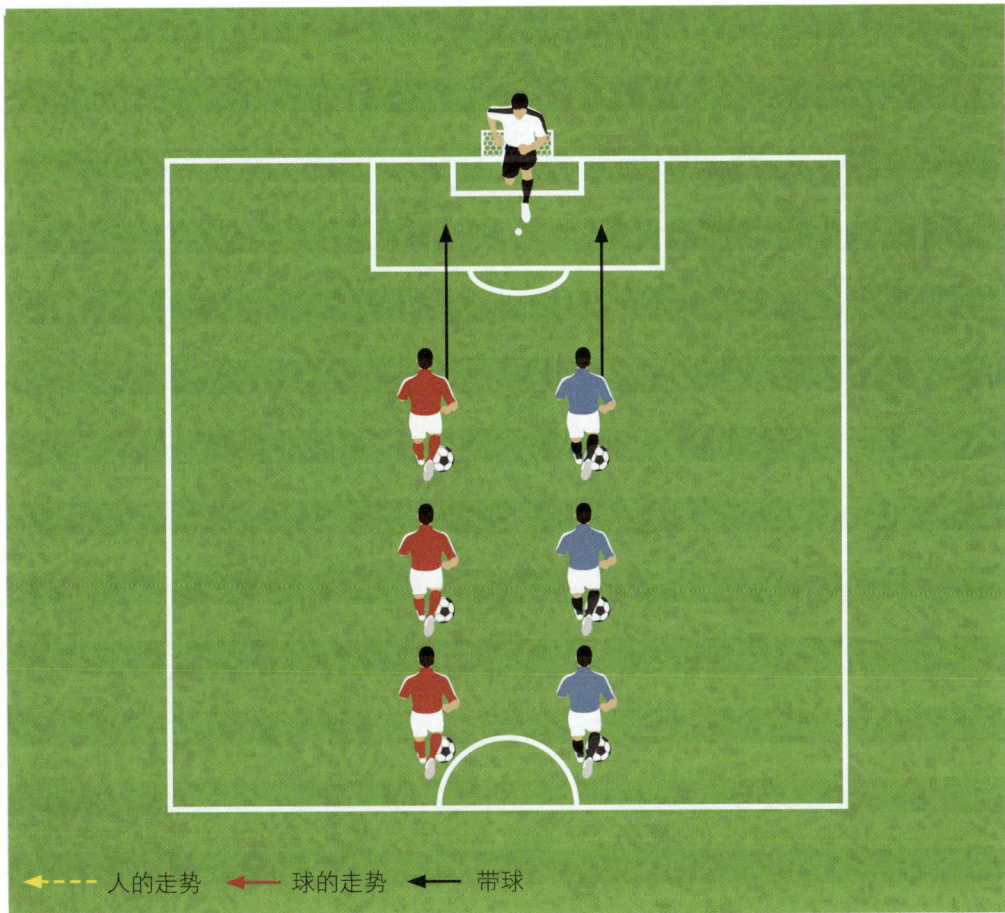

◀--- 人的走势　　← 球的走势　　← 带球

所有球员平均分成2组，每组3~5人，在距离球门25米远处分成两个纵队，面向球门站立，1名中立的守门员防守球门。

每组球员轮流全速向前带球，并在距离球门至少15米远时射门，然后快速取回足球并回到底线，继续进行训练。

每名球员射门15次，每次成功射门得2分，被守门员拦下得1分，得分最高的球员获胜。

🔑 技术要领

全速带球移动

向球门移动时要以全速带球冲向球门，可以通过增加射门的距离来提升训练难度。

▶2对2射门比赛

难度等级 ★★★☆☆　　🕐 时间　15~20分钟

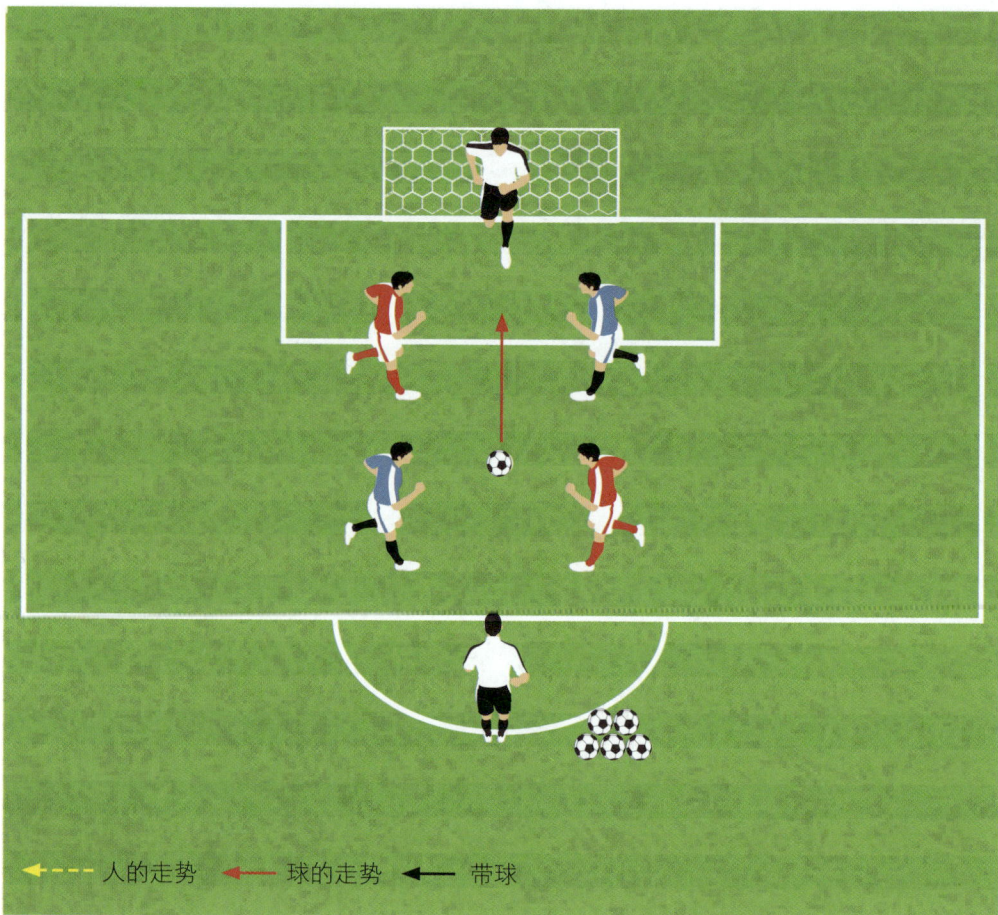

◀--- 人的走势　◀— 球的走势　◀— 带球

6名球员位于场地中，其中有1名中立的守门员，1名供球者。供球者站在罚球区顶部，持有12个足球。其余4名球员都位于罚球区内，平均分成2组。

当听到教练的信号后，供球者向罚球区踢地滚球，2组球员开始争夺控球权。持球的一组尝试射门得分，另一组则进行防守。

如果足球被防守方的球员抢走，那么双方交换控球权。不论是踢球出界还是进球得分，供球者都要立刻踢入下一个足球。如此重复练习，直到所有的足球用完，共进行5轮比赛，每次进球得1分，得分最高的一组获胜。

💡 小提示

两组球员在罚球区内争夺控球权并和队友一起合作创造射门机会，尝试在距离球门较近的区域捕捉射门机会并通过与队友的配合实现准确射门。

射门技术

▶ 空门球

难度等级 ★★★☆☆　　⏱时间　15~20分钟

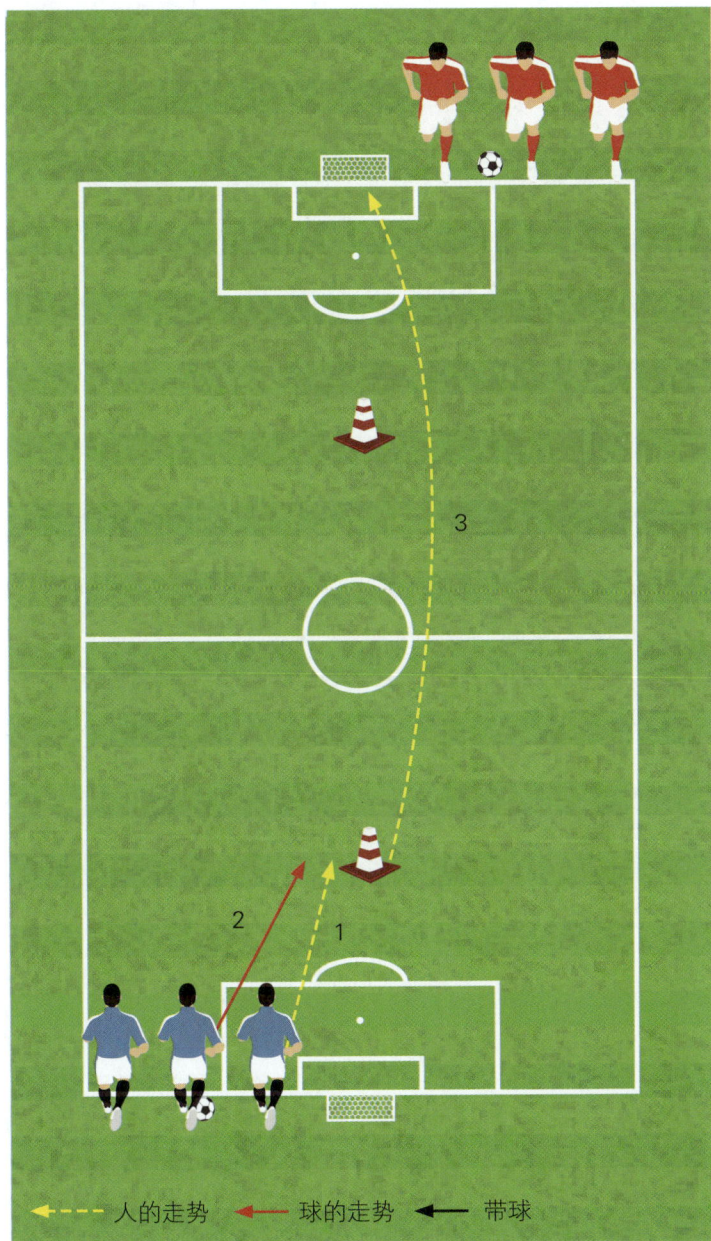

在标准的足球场地上训练，所有球员平均分成2组，分别站在两个球门的球门柱旁。分别在两个球门前方18米处设置一个锥桶，每组球员都从锥桶附近供球。

当听到教练的信号后，红方的一名球员位于球门中，蓝方的第一名球员从球门柱旁冲向锥桶附近，然后转身面向球门。这时蓝方的第二名球员向罚球点踢地滚球，蓝方的第一名球员接球后完成一次触球射门。射门后，该球员立刻跑到另一侧球门线充当守门员。

红方尝试用同样的方式射门得分，如果射门的球员在射门后没有及时到达球门，那么对方的射门者就有一个"空门"的射门机会。每次成功射门得1分，得分最高的球队获胜。

🔑 **技术要领**

射门后立即去拦截对方射门

空门球是指在球门没有守门员防守的情况下射进的球，这会大大提高对手的射门成功率。练习时，球员要在射门后立即跑向另一侧球门线，拦截对方射门。

◀┄┄ 人的走势　◀━━ 球的走势　◀━ 带球

技巧
136

▶ 边线和底线 4 对 4 比赛

难度等级 ★★★☆☆   ⏱时间 15~20分钟

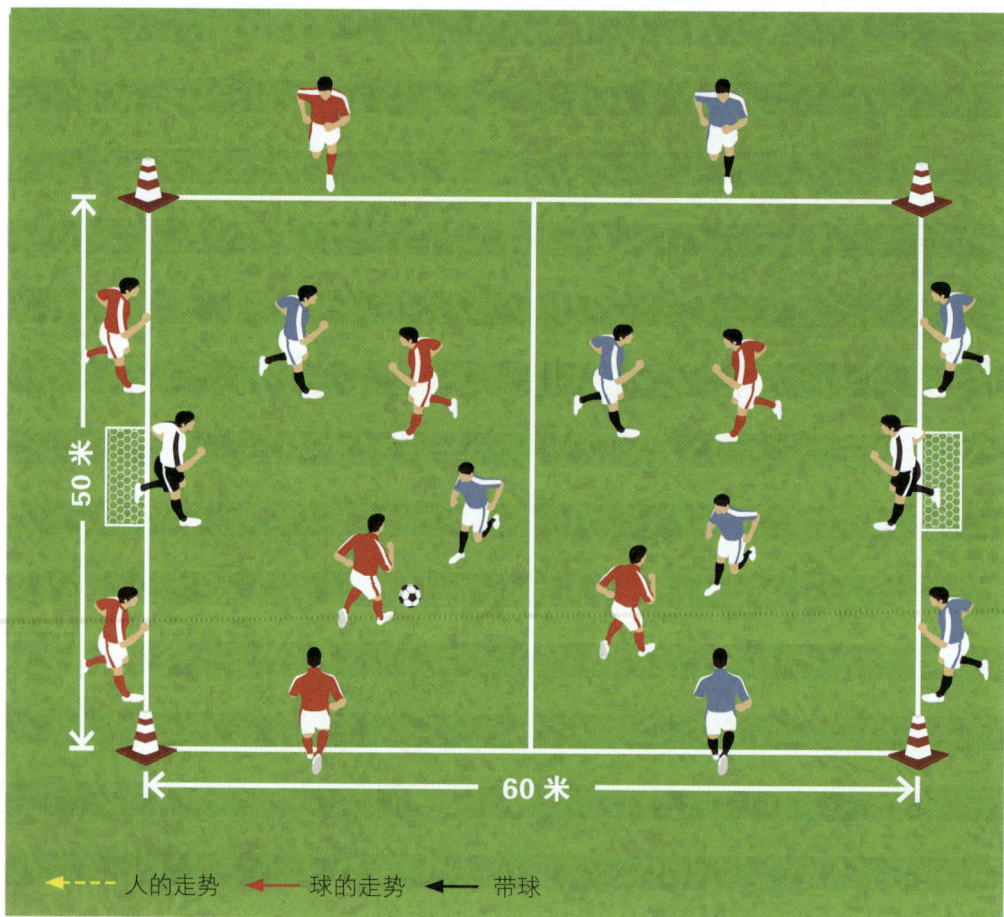

◀--- 人的走势   ◀— 球的走势   ◀— 带球

用4个锥桶标出一个60米×50米的场地，所有球员平均分为2组，每组8人，两侧球门各有一名中立的守门员。每组有4名球员在场地内，他们在防守己方球门的同时寻找向对方球门射门的机会。每组剩余的4名球员位于对方半场的边线上，边线上的球员只能通过一次触球接来自场地内队友的传球，再将足球传回，且不能进入场地中。

场地内持球的一方可以相互传球或将足球传给场外的队友，场外的球员可以将足球回传或直接射门，这意味着获得控球权的一方比防守方多了4名球员。成功射门两次的一组获得该场比赛的胜利，然后场地内和场地外的球员相互交换位置，继续进行下一场比赛，赢得3场比赛的一组获胜。

💡 **小提示**

边线和底线4对4比赛是通过将足球传给场外的队友，从而突破对方的防守。获得控球权的一方与防守方形成8对4的情形，增大了进攻优势。

射门技术

▶围绕小旗凌空射门

技巧 137

难度等级 ★★★☆☆　　⏱时间 15~20分钟

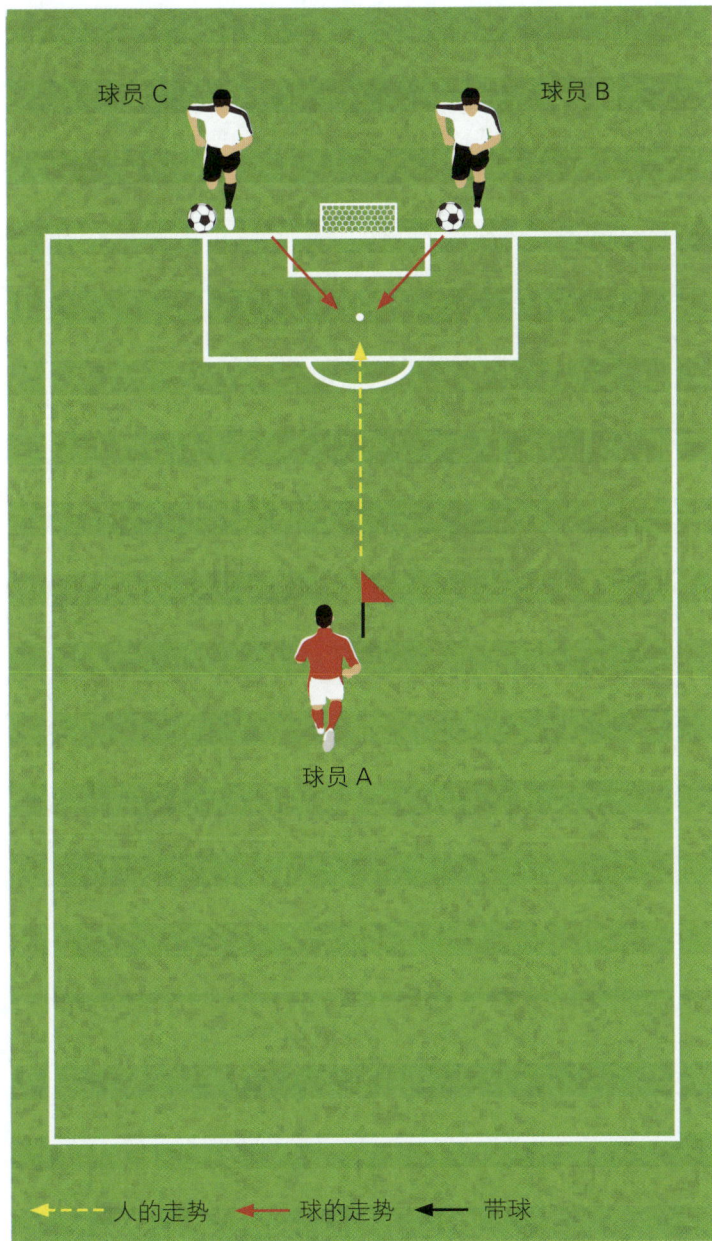

球员 C

球员 B

球员 A

- - - 人的走势　　← 球的走势　　← 带球

围绕小旗凌空射门是指目标球员站在与球门有一定距离的标记处，当供球者向球门前传球后，快速跑向球门前并以凌空射门的方式进行射门。射门时要保持身体稳定，踢球腿用有力的动作迅速将足球踢出。

在标准球场的一端进行训练，球门前方25米处插一面旗子，球员A站在旗子处。球员B和球员C各持一个足球站在球门两侧。

当听到教练的信号后，球员B向球门前方抛球，使足球落在球门前约5米处，球员A迅速向前冲，并用凌空射门的方式将足球射入球门，然后快速跑回旗子处。

球员B继续以相同的方式接球员C的传球，一共完成20次凌空射门，每次射门交替使用左右脚，成功用凌空射门的方式进球得1分，得分最高的球员获胜。

技巧
138

▶ **仅通过凌空射门得分**

难度等级 ★★★☆☆　　⏱ 时间　15分钟

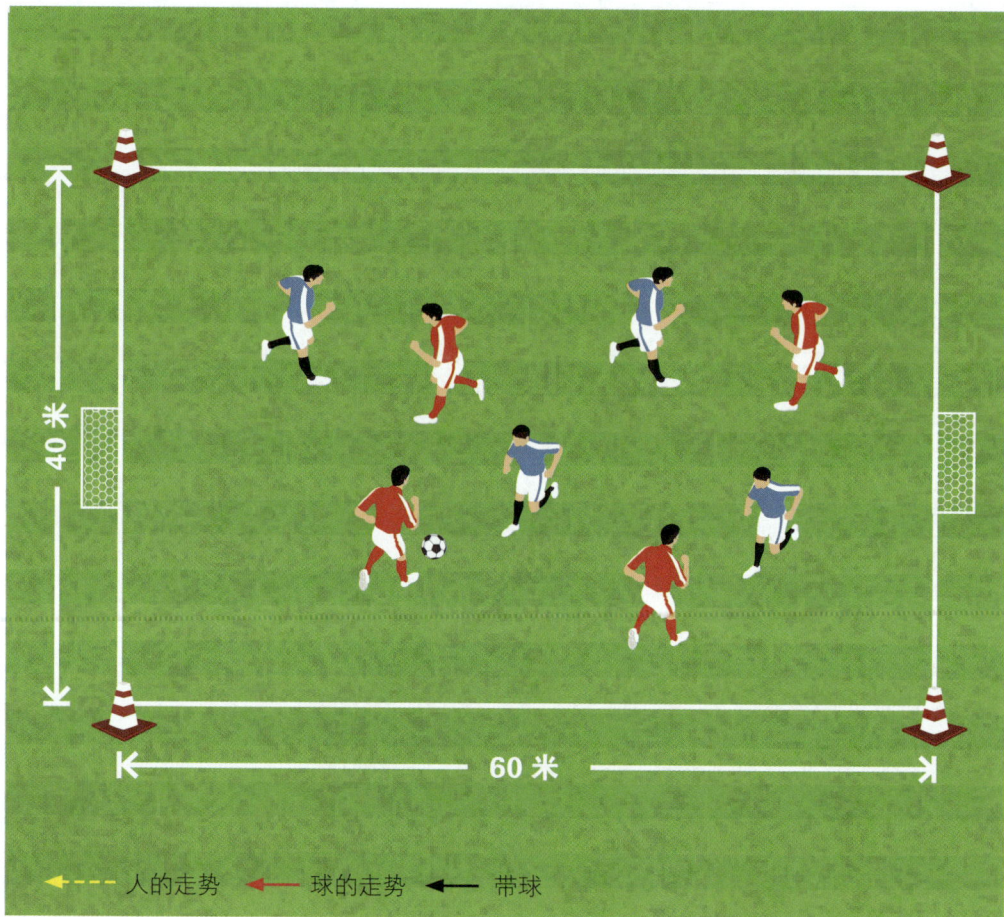

◀---- 人的走势　　← 球的走势　　← 带球

用4个锥桶标出一个60米×40米的场地，在场地的两端各设置一个标准大小的球门。所有球员平均分成2组，每组4~6人，每组各防守一个球门，并通过将足球射入对方球门得分。队友之间通过抛球的方式传球，不能通过踢球传球。每名球员持球时要在4步以内将球传给队友，如果出现被对方球员夺走控球权、进攻球员最后一次触球后球出界、球落到了地面上、持球的球员移动超过4步、或进球后，将更换控球权。

球员可以直接将队友传来的空中球以凌空射门的方式射门，但不可以自己给自己抛球射门。虽然没有指定的守门员，但所有球员都可以通过用手接球的方式来拦截射向球门的传球和射门球。如此训练15分钟，成功用凌空射门的方式进球得1分，得分最高的一组获胜。

🔑 **技术要领**

掌握出脚的时机

两组球员在场地内通过用手抛球的方式与队友传球，接近球门时对空中传球使用凌空射门，注意掌握出脚的时机。

射门技术

▶从固定的位置射门

技巧 **139**

难度等级 ★★★☆☆ ⏱时间 15~20分钟

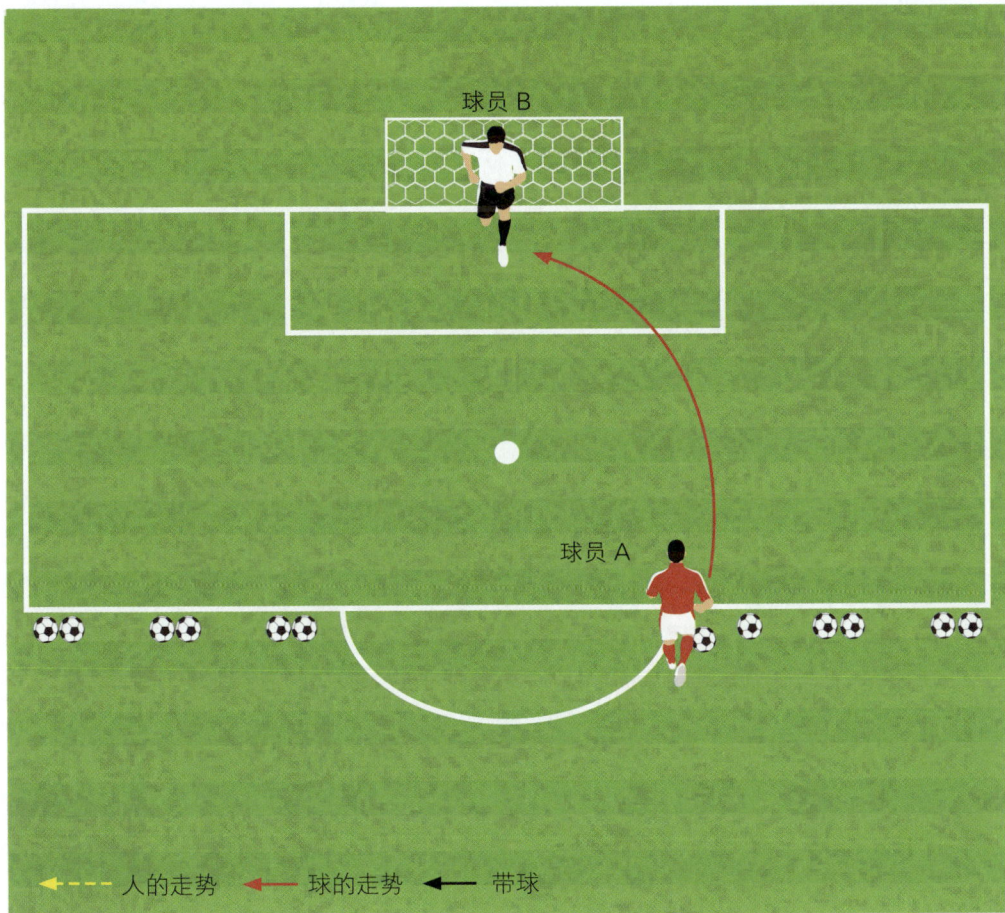

球员 B

球员 A

◀----人的走势 ◀—— 球的走势 ◀—— 带球

在罚球区外侧的不同位置放置12个足球，球员A通过踢直接任意球练习射门，并尝试用脚弓或外脚背踢出弧线球射门，球员B为守门员站在球门中。

射门12次后，重新将足球放在不同的位置，重复训练。一共完成24次任意球射门，每次踢出弧线球得1分，弧线球成功射门得2分。由守门员负责捡球，并将成功射门的足球带回。

💡 **小提示**

从固定的位置射门是指球员从发球区外侧向球门踢出弧线球射门。练习时，球员要以较小的角度从后面接近足球，身体稍向后倾斜，伸展踢球脚的同时保持身体稳定。

技巧 140

▶ 在跑动中以弧线球射门

难度等级 ★★★☆☆　　⏱ **时间** 15分钟

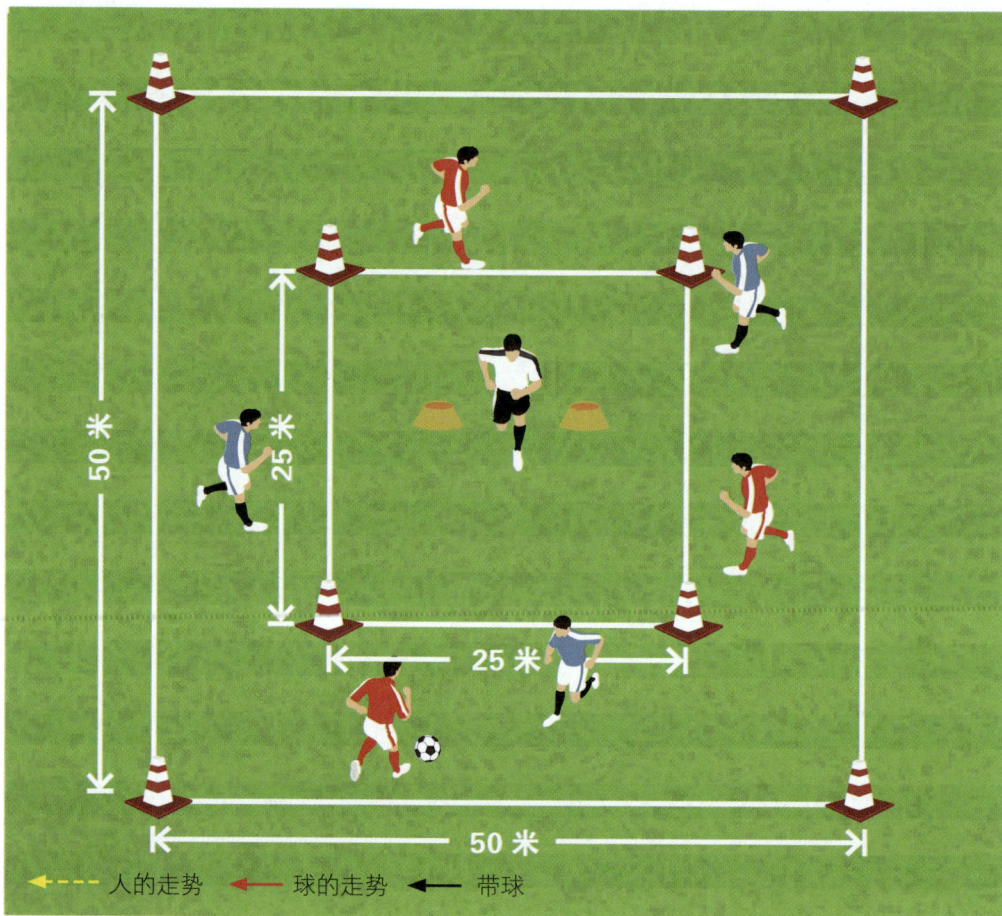

50 米

25 米

25 米

50 米

- - → 人的走势　　← 球的走势　　← 带球

用4个锥桶标出一个50米×50米的场地，再在该场地内用4个锥桶标出一个25米×25米的小场地。所有球员平均分成2组，每组3人，位于大场地中、小场地外，在小场地内用标示盘设置一个8米宽的球门，1名守门员站在球门中。

当听到教练的信号后，两组球员在大场地内进行3对3的比赛，持球的一组为进攻方，另一组为防守方。进攻方试图将足球射入球门，但足球踢出的高度不能超过守门员的身高，守门员也要根据来球方向调整位置。防守方如果获得控球权，则立即转为进攻方。

球员不能进入小场地内，只有射门在小场地内进行，且必须使用脚背使足球呈弧线飞行。出界的足球通过界外抛球返回场地中。守门员在拦截到足球后，将足球抛向场上无人的角落，让两组争夺足球的控制权。如此训练15分钟，以弧线球射门成功次数最多的一组获胜。

第 6 章

进攻战术

进攻战术的特点是多变性和创造性，完美的阵地战术可以让球员在比赛过程中更好地与队友配合。控球虽然不能保证获胜，但可以控制比赛的速度和节奏，迫使对手进行更多的跑动，便于自己寻找更多的射门机会。

技巧
141

▶ 1对1进攻应该学会的技巧

难度等级 ★★☆☆☆ 🕐时间 适度

point
不要低头

无论对手是站在原地，还是在拦截足球，在带球的过程中以及在接到球之前，都要注意观察四周情况。

point
边移动，边
正确控球

要通过练习来提升自身的控球技术水平，控球者要持续带球移动，防止对手接近。如果带球速度过快，则会很难将足球停在预期位置。

point
选择不同，第
一次触球的方
式也不同

第一次触球的方式由控球者的选择决定，如向右侧带球后传球、向左侧带球过人，以及接球后直接将其回传给队友等。控球者在做出选择后才能确定第一次触球的方式。

point
观察对手的举
动，改变带球
方向

带球过人时，需要控制球速或改变带球方向，有时还要做假动作来干扰对手的判断。要时刻观察对手的动作，并迅速采取行动。

进攻战术

▶ 简单 1 对 1

难度等级 ★★☆☆☆　⏱时间　15~20分钟

🔑 技术要领

1对1进攻

在比赛中，球员会面对各种不同的情况。例如根据防守球员位置的不同，进攻球员就要通过训练来应对不同的防守模式；防守球员也要观察进攻球员的举动，以进行防守。

教练持球，向球员A传球，球员A接球后向球门带球移动，同时球员B迅速上前拦截。两名球员进行1对1对抗，球员A在保证控球权的同时寻找机会射门。

成功射门后，换下一组球员继续进行练习。可以通过改变球员B的起始位置（位置1、2、3），使1对1的情况发生变化。

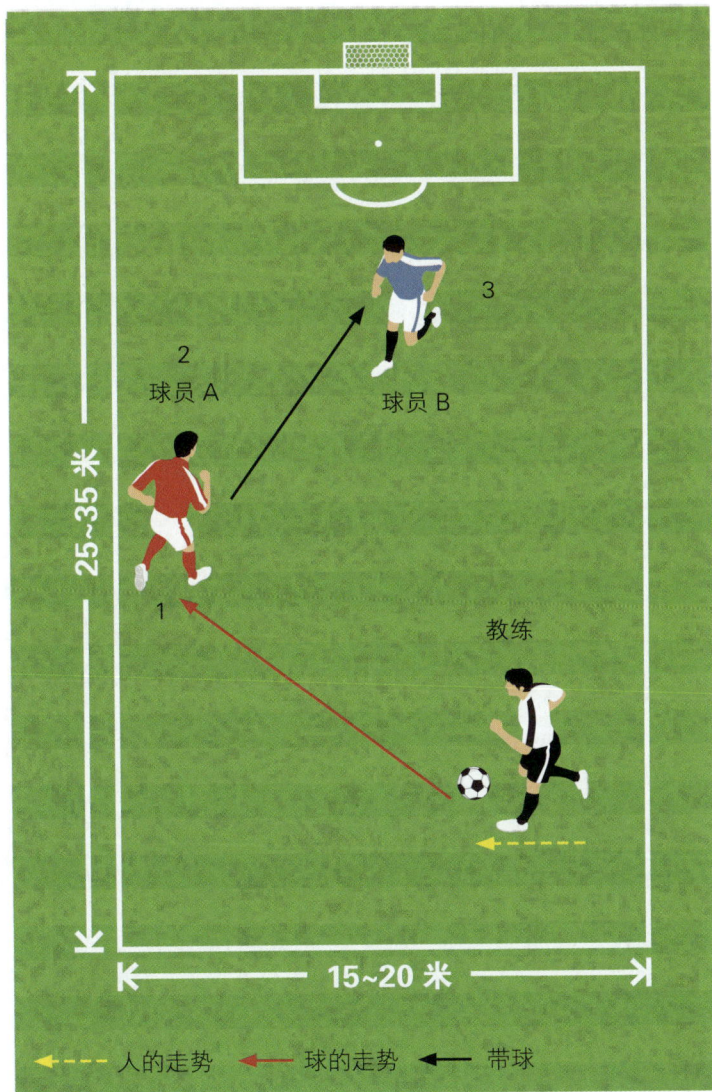

25~35 米

2
球员 A

3

球员 B

1

教练

15~20 米

- - - → 人的走势　　→ 球的走势　　→ 带球

💡 小提示

练习过程中，进攻方的球员要带球突破对方防守，并进行射门。而防守方的球员要注意观察进攻球员的动作，以根据不同的情况采取不同的截球方式。

技巧
143

进攻战术

▶ **球门区的 1 对 1**

难度等级 ★★☆☆☆ ⏱时间 15~20分钟

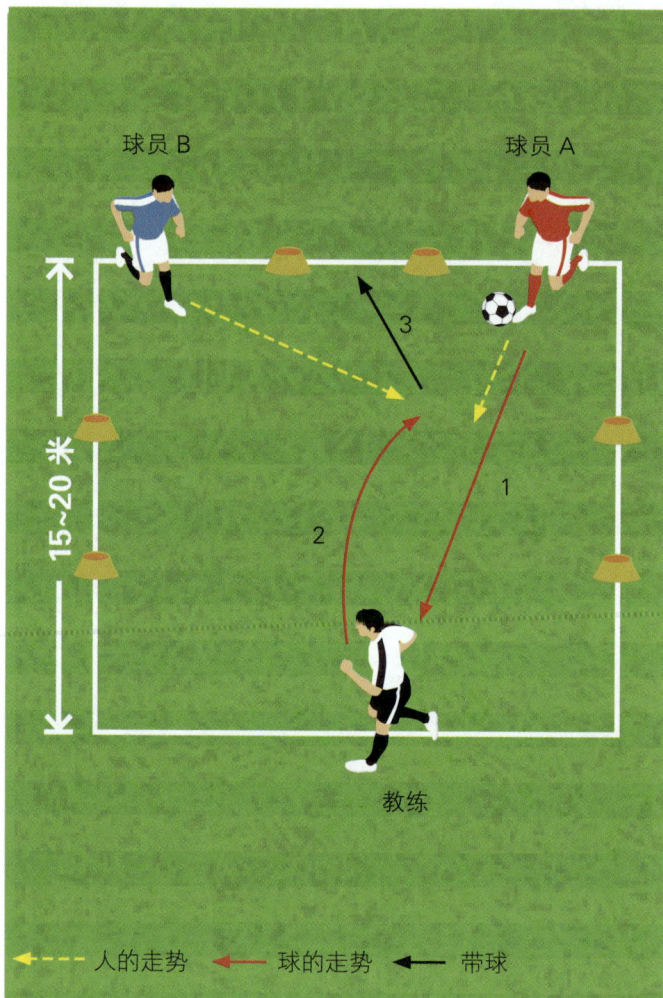

球员 B

球员 A

15~20 米

3

1

2

教练

- - - → 人的走势　　← 球的走势　　← 带球

💡 **小提示**

教练在回传时可以尝试不同的路线，防止进攻球员不管面对怎样的来球，都只是把足球带向同一个球门。要使球员根据不同的情况做出判断，并采取不同的应对方法。

准备6个标示盘，每2个一组，间隔1~2米放在场地的边线上，进攻方和防守方各选择1名球员位于场地中。

球员A持球，向教练传球（路线1）。接着球员A和球员B同时向出球方向移动。

教练接球后，将足球回传给球员 A（路线2），球员A带球向球门移动（路线3），同时注意观察球员B的动作，并寻找机会射门。射门成功后，换下一组球员上场。

🔑 **技术要领**

触控点

此练习可以让进攻球员学会根据不同的情况，改变触控点。进攻球员要利用第一次的触传动作将足球带向有利位置，防止足球被防守球员抢走。

有支援球员的 1 对 1

技巧 **144**

难度等级 ★★★☆☆   ⏱时间 15~20分钟

球员 C

5~7 米

4

2

3

10 米

1

球员 A

10~15 米

球员 B

- - - - ▶ 人的走势   ◀—— 球的走势   ◀— 带球

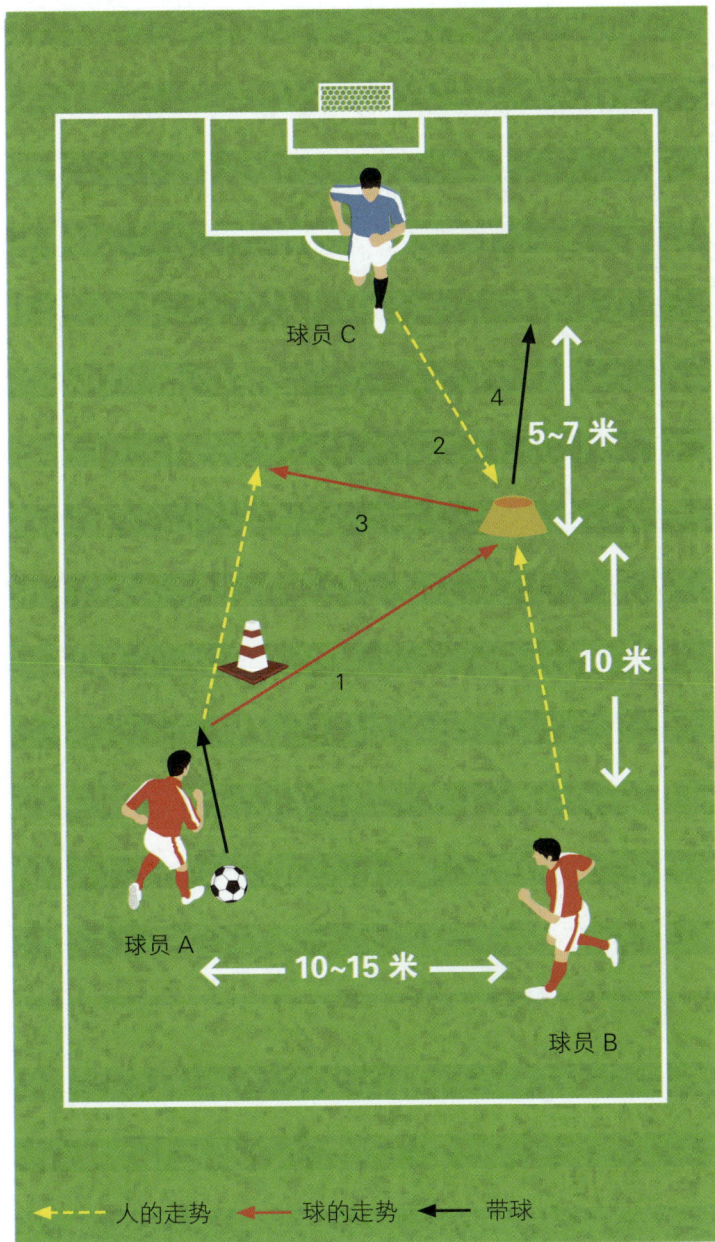

根据图中位置，在场地中放置1个锥桶和1个标示盘。进攻方有2名球员，球员A带球向锥桶移动，同时球员B跑向标示盘。

球员B移动到标示盘后，球员A迅速将足球传给球员B（路线1）。这时球员C向球员B移动（路线2），并进行抢球。

面对球员C的拦截，球员B寻找机会将足球回传给球员A（路线3），或直接带球突破防守（路线4）。射门成功后，换下一组球员上场。如果射门失败，就换球员B带球出发。

🔑 **技术要领**

准确控球

在比赛中，最重要的是在带球快速移动时，可以准确控球，球员A可以尽量把足球传得远一些，防止球员B加速受阻。

技巧
145

▶ **三角式传球的基本练习**

难度等级 ★★★☆☆　　⏱ 时间　15~20分钟

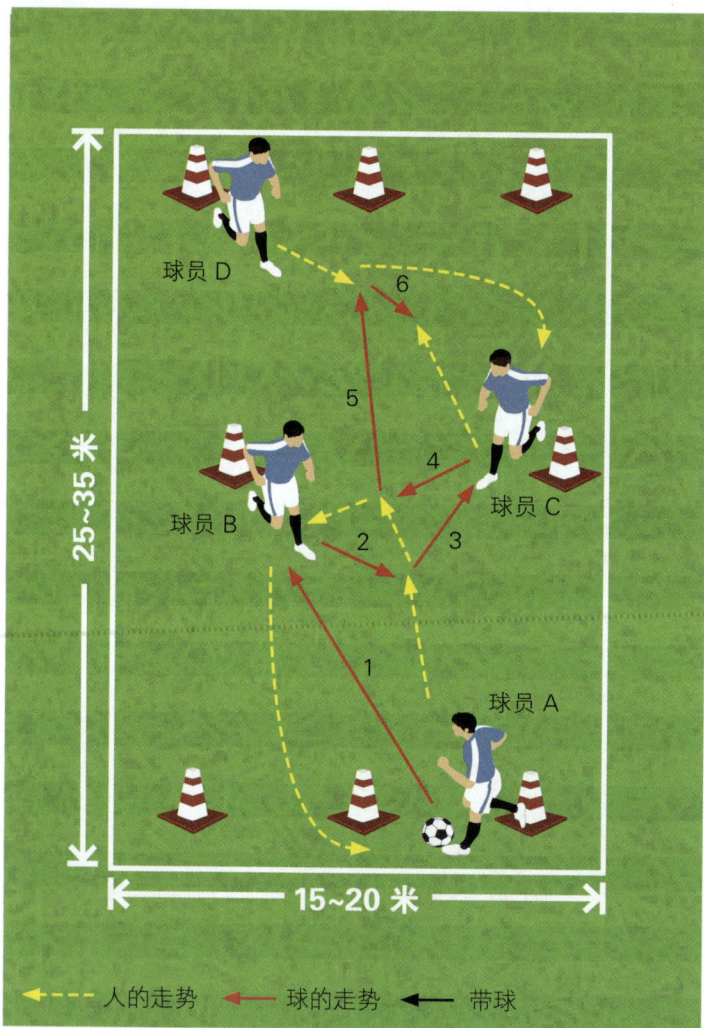

25~35 米

15~20 米

- - - ▶ 人的走势　　◀━━ 球的走势　　◀━━ 带球

🔑 **技术要领**

推进进攻

此练习可以锻炼球员踢出三角式传球并逐步向前推进，球场上的4名球员分别充当中后卫、防守中场、中锋和前锋，可形成推进进攻的局势。

在场地的两端分别放置3个锥桶，场地中间放置2个锥桶。球员A将足球传给球员B（路线1），迅速向前移动，接球员B的回传球（路线2），球员B向球员A开始所处的位置跑去。

球员A向球员C传球（路线3），向前移动，接球员C的回传球（路线4）。球员A再将足球传给从另一侧跑来的球员D（路线5），然后跑到球员B开始所处的位置。

球员D接球后，将足球传给跑来的球员C（路线6），球员D与球员C分别向对方开始所处的位置移动。如此重复练习。

💡 **小提示**

球员在练习时可以不用循规蹈矩，而应该充分理解每一个位置的职责，通过不同位置的相互配合逐步向前推动攻势。

进攻战术

▶换边攻击应该学会的技巧

难度等级 ★★★☆☆ ⏱时间 适度

1. 踢向正确的位置

2. 传出快速的低空球

球员必须掌握将长距离传球准确踢到目标位置的技术，因为换边攻击时，足球如果被截走，会使对方迅速发动反击，从而使己方陷入劣势。

换边攻击时，如果使用速度较慢的高空球则很容易被对手追上，所以要踢出速度较快的低空球。

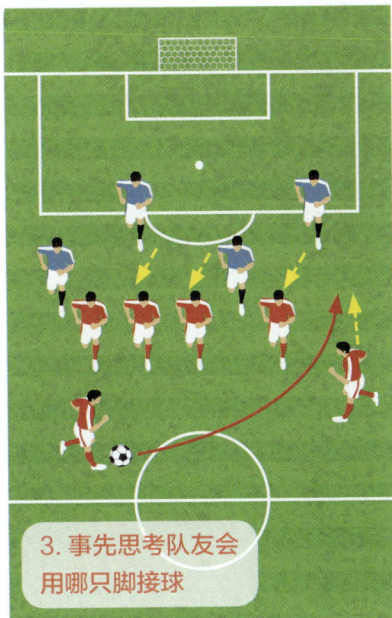

3. 事先思考队友会
用哪只脚接球

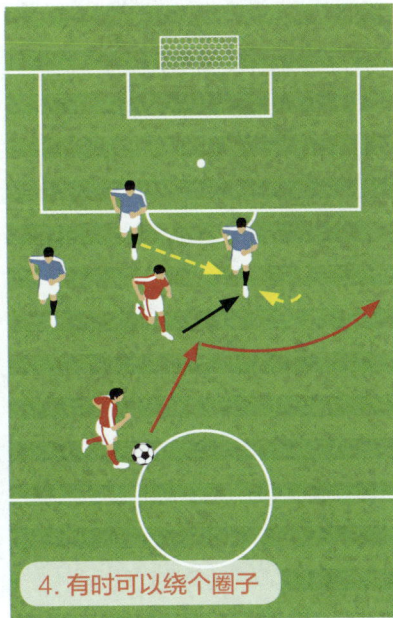

4. 有时可以绕个圈子

换边攻击不适合在对方阵型密度非常均匀时使用，应该寻找对方球员较为分散的位置，找准机会，将足球踢出。

带球或三角式传球相配合，可误导对手，使对方阵型陷入不均匀的状态，这时再使用换边攻击，可以使对方措手不及。

技巧
147

▶ # 双方两球门区的换边攻击

难度等级 ★★★☆☆　　⏱时间　15~25分钟

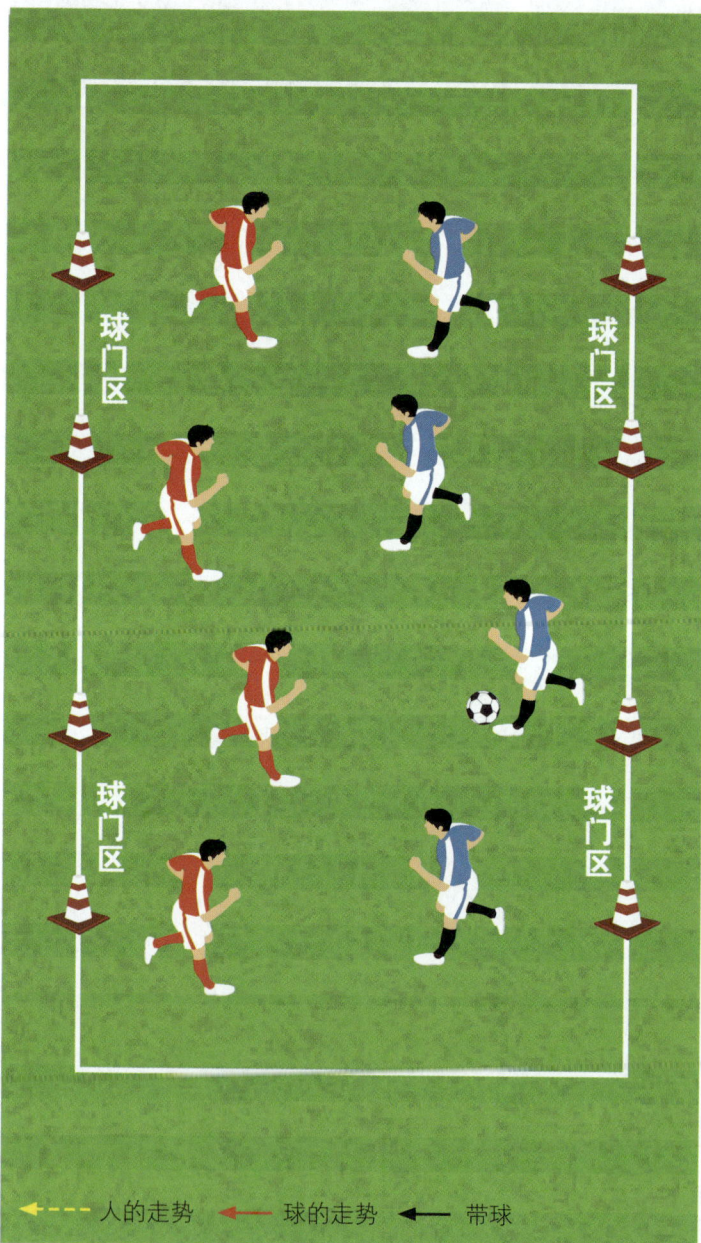

球门区

球门区

球门区

球门区

在场地的两侧分别放置4个锥桶，形成球门区。所有球员平均分成2组，每组4人，持球的一组带球进攻，另一组尽力防守，进攻球员可以任意选择球门区射门，进行4对4的换边攻击练习。

足球成功穿过任意球门区得1分，如果被防守球员抢走控球权，则双方立即交换角色。如此练习15分钟，得分最高的一组获胜。

💡 **小提示**

如果进攻球员想带球向右边球门区进攻时，发现左边的球门区防守较为松散，还有无人盯防的队友，这时就可以用中长距离的传球将足球传到左边，这样更有利于有效进攻。

←--- 人的走势　　← 球的走势　　← 带球

第6章 进攻战术

技巧 148

▶ 从边翼攻击到射门

难度等级 ★★★☆☆　⏱时间 15~25分钟

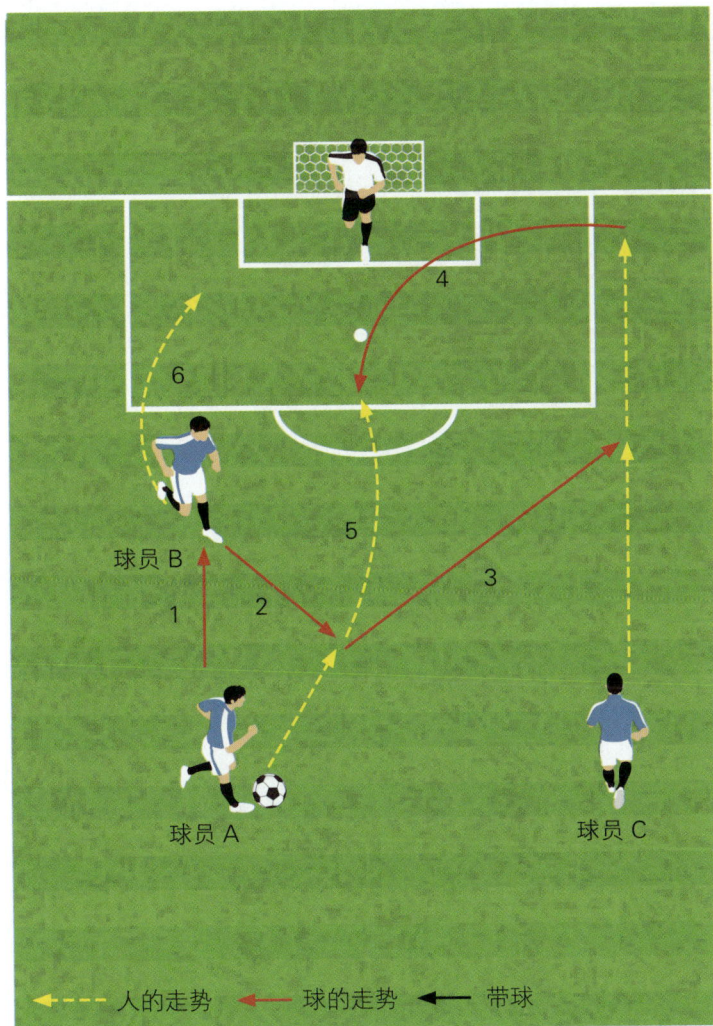

1名守门员位于球门前，球员A将足球传给球员B（路线1），球员B将足球回传给球员A（路线2）。球员C从边翼向前移动，球员A再将足球传给球员C（路线3）。

球员C带球移动到底线附近，传出吊中球（路线4）。球员A或球员B进入罚球区射门（路线5或路线6）。射门成功后，换下一组球员上场。

球员 B

球员 A

球员 C

🔑 **技术要领**

精准传球

从边翼攻击到射门要求侧翼球员配合传球，从边翼发动进攻。此练习可以提高球员传球的精准度，以及从场地中央射门的成功率。

- - ► 人的走势　—— ► 球的走势　—— ► 带球

💡 **小提示**

练习时注意不要一直让同一个人传吊中球，中场和边翼的人要不断更换位置，从左边或右边发动进攻都是可以的。

技巧
149

▶ **突破后卫线应该学会的技巧**

难度等级 ★★★☆☆　　⏱时间　适度

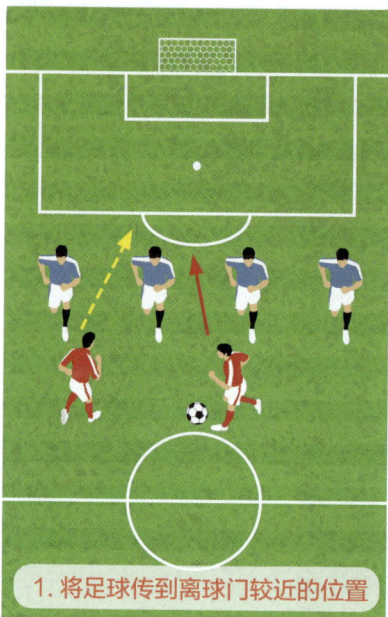

1. 将足球传到离球门较近的位置

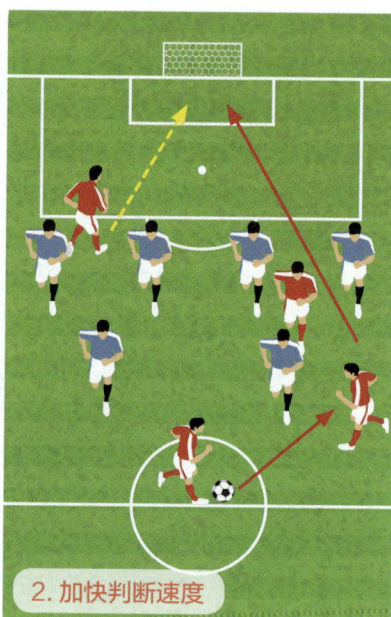

2. 加快判断速度

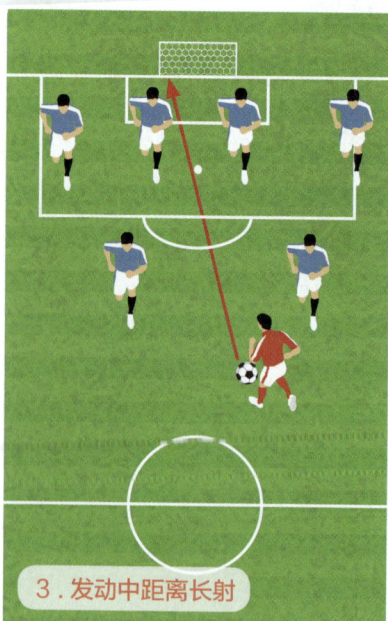

3. 发动中距离长射

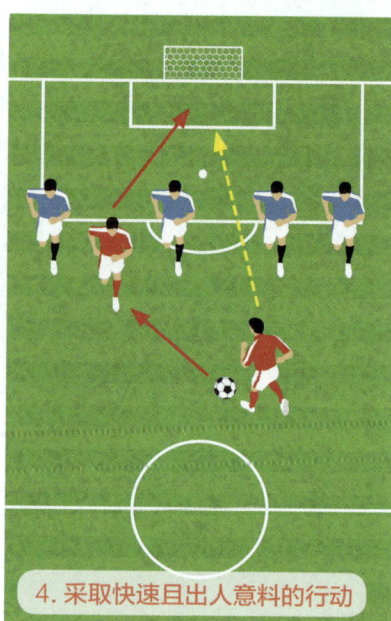

4. 采取快速且出人意料的行动

通过渗透性传球来制造射门机会，因为后卫线后方的空间较大，所以可以将足球传到距离球门较近的位置。

进攻方要迅速决定进攻方式并做出判断，如果进攻方的接应速度较慢，防守方就会有更多的时间来预测攻势。

中距离射门可在对手的后卫线距离球门较近时使用。进攻方一旦使用中距离射门，防守方就要向前推进后卫线。

在对方防守严密时，可以通过撞墙球或高超的过人技术进行突破，同时引诱对手犯规也是有效的方法。

💡 **小提示**

一旦进攻方将足球传进攻击区域内，就剩下突破对手的防守后卫线了。突破的方法要根据对手后卫线上球员的站位来定。

进攻战术

▶ 突破距离球门较远的后卫线

难度等级 ★★★☆☆　⏱时间 15~25分钟

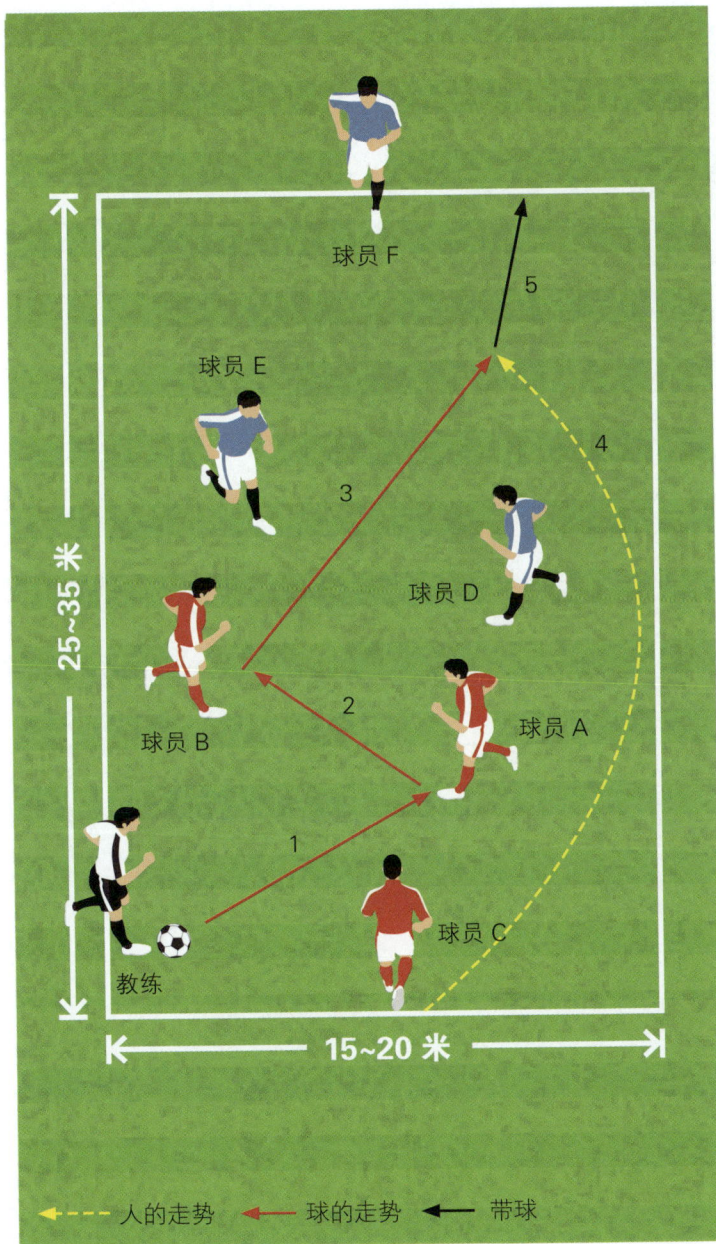

25~35 米

15~20 米

球员 F

球员 E

球员 D

球员 B

球员 A

球员 C

教练

5

4

3

2

1

- - - → 人的走势　◀── 球的走势　◀── 带球

🔑 技术要领

随机应变

在比赛开始时，对手就发现了在底线上的队友，那么成功带球越过对方底线的概率是很低的。如果对方一直对底线上的队友进行防守，就可以改变作战方式，如直接带球突破，使对手措手不及。

▌ 进攻方和防守方的2名球员在场内进行2对2比赛，两端底线上各站1名球员。

▌ 由教练持球，将足球传给球员A（路线1），球员A传球给球员B，同时球员C从后侧越过对手到达对方底线附近（路线4），然后球员B将足球传给球员C（路线3），由球员C带球突破对手底线（路线5）。

▌ 成功带球越过对方底线得1分。如果控球权被对方抢走，那么抢球成功的一组变为进攻方，另一组变为防守方。在2对2的情况下，进攻方要寻找突破机会，位于底线的队友要伺机发动进攻。

技巧 151

▶ 控球突破防守并射门

难度等级 ★★★★☆　　🕐 时间　15~20分钟

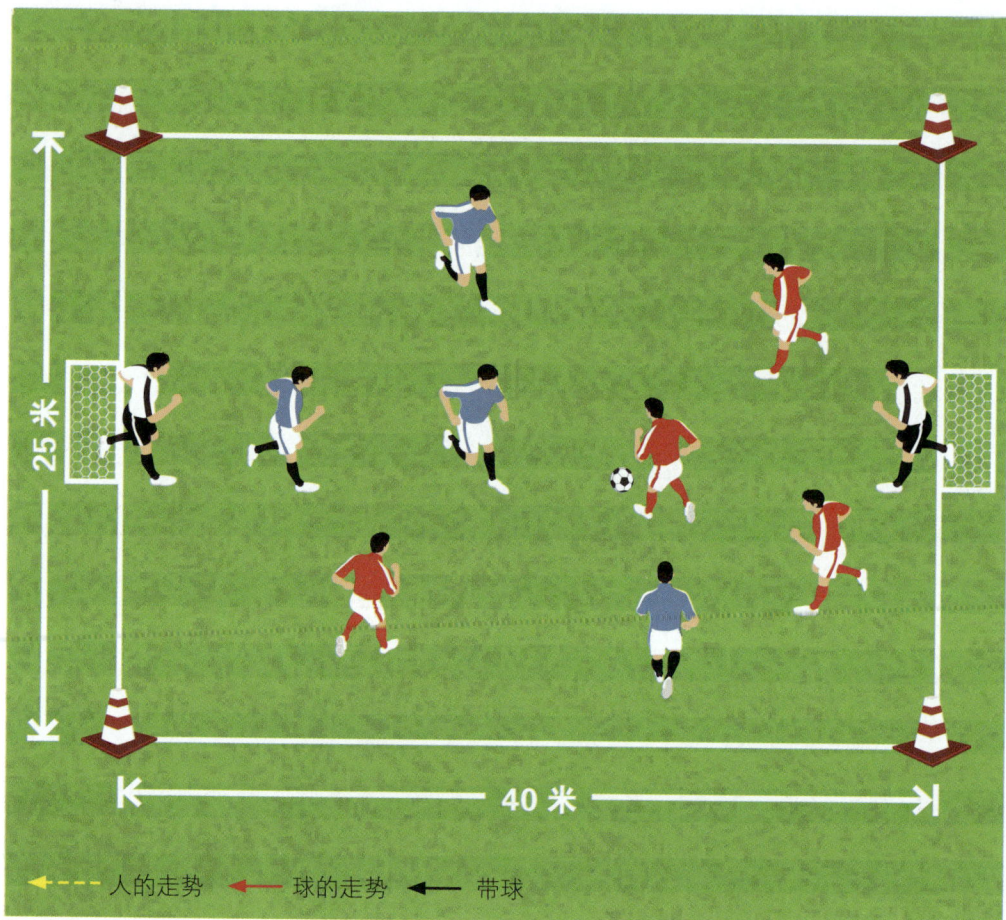

←--- 人的走势　　◄── 球的走势　　◄── 带球

用4个锥桶标出一个40米×25米的场地，场地两侧底线的中间各有一个标准大小的球门。所有球员平均分成2组，每组各有4名场上球员和1名守门员。

每组各防守一个球门，持球方为进攻方，从场地中间开球，可以通过在对方球门进球得分，或通过连续8次传球而没有丢球得分。防守方通过拦截传球或从对手脚下抢球获得控球权。

除了计分方法不同，其他规则与正规的足球比赛一致。每次成功射门得1分，连续8次传球得2分，得分最高的一组获胜。

💡 **小提示**

注意在组织进攻时要有耐心，要保持住控球权，直至找到向前移动并射门的机会。由于防守方的施压，对方球员可能会移动到不佳的防守位置，这时就要利用防线出现的空缺进行突破。

技巧 152

▶ 在进攻区域带球射门

难度等级 ★★★★☆ ⏱ 时间 25分钟

75 米

50 米

用4个锥桶标出一个75米×50米的场地，将场地平均划分为3块区域，两侧底线分别用2个标示盘设置1个标准大小的球门。

所有球员平均分成2组，每组有4名场上球员和1名守门员。当听到教练的信号后，从场地中间开球，通过在对方球门进球得分。

在距离球门最近的防守区域内，球员只能通过3次以内的触球来控球。中间区域没有触球次数限制，但仅允许球员向前带球移动，不能通过带球突破对手。在进攻区域，球员必须带球超过对手才能射门。球员每次违反规则罚1分，每次失去控球权罚1分，在带球中突破对手并成功射门得2分，其余规则与正规的足球比赛一样。持续训练25分钟，得分最高的一组获胜。

🔑 **技术要领**

触球次数

在防守区域中，要在规定的触球次数内快速带球前进。

← - - - 人的走势　← 球的走势　← 带球

技巧 153

▶ 带球越过底线得分

| 难度等级 ★★★★☆ | ⏱ 时间 20分钟 |

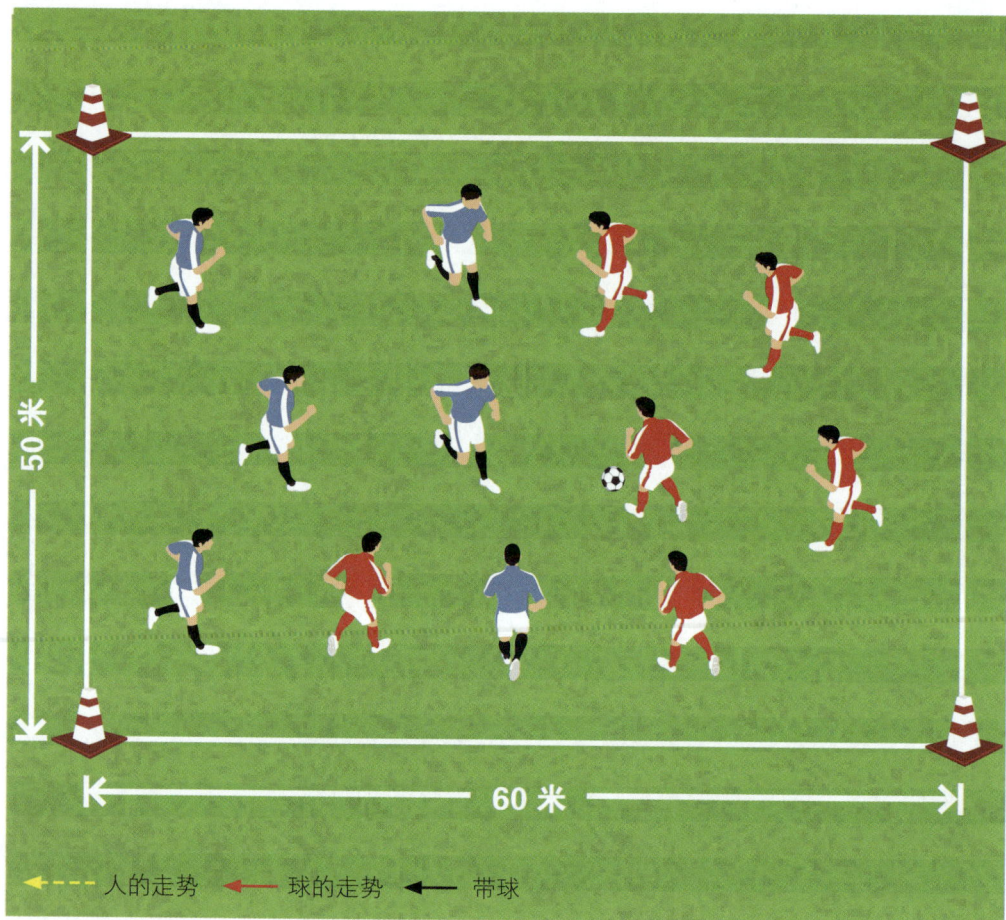

← - - - 人的走势　← 球的走势　← 带球

用4个锥桶标出一个60米×50米的场地，所有球员平均分成2组，每组6~8人，不需要守门员。每组球员防守己方的底线，带球越过对方底线得分。

比赛中，球员不可以向前传球，可以通过横向或向后传球来创造向前带球的机会。除计分方法和以上限制，其他规则与正规的足球比赛一致。每次带球从对方底线通过得1分，持续训练20分钟，得分最高的一组获胜。

💡 小提示

要注意防守方因使用盯防、平衡战术而出现的防守空缺，找准机会，全速带球前进。随着技术水平的提高，可以通过缩小场地的宽度，减小可以利用的空间来增加进攻的难度。

进攻战术

技巧
154

▶有中立侧翼球员的比赛

难度等级 ★★★★☆   ⏱时间 25分钟

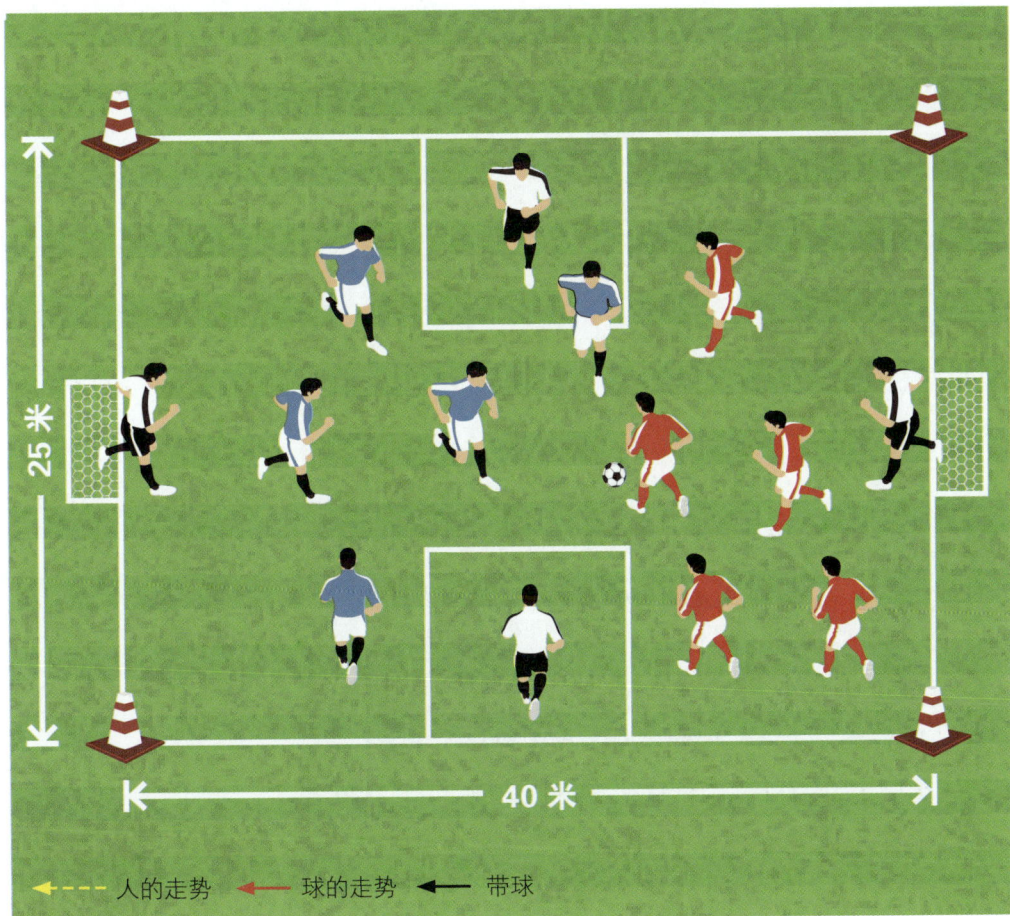

25 米

40 米

◀---- 人的走势   ◀—— 球的走势   ◀—— 带球

用4个锥桶标出一个40米×25米的场地，每侧底线的中间各有一个标准大小的球门，在场地两侧侧翼内各标出一个边长为10米的正方形区域。所有球员平均分成2组，每组有5名场上球员和1名守门员，并指定2名额外的中立球员站在侧翼区域内。

当听到教练的信号后，从场地中间开球，两组球员进行5对5比赛，中立侧翼球员加入持球的一组，形成进攻优势。中立侧翼球员可以沿着场地上下移动，但仅限于侧翼区域内。进攻方可以直接从中间区域进球，也可以由中立侧翼球员射门侧向经过球门区进球。当中立侧翼球员接到来自中间区域的球员或守门员的传球时，必须带球进入防守方一侧的场地，然后侧向将足球踢向球门。

除以上要求，其他规则与正规的足球比赛一致，中间区域的球员成功射门得1分，中立侧翼球员成功射门得2分。持续训练25分钟，得分最高的一组获胜。

技巧
155

▶尽快进入罚球区射门

难度等级 ★★★★☆　　⏱时间　25分钟

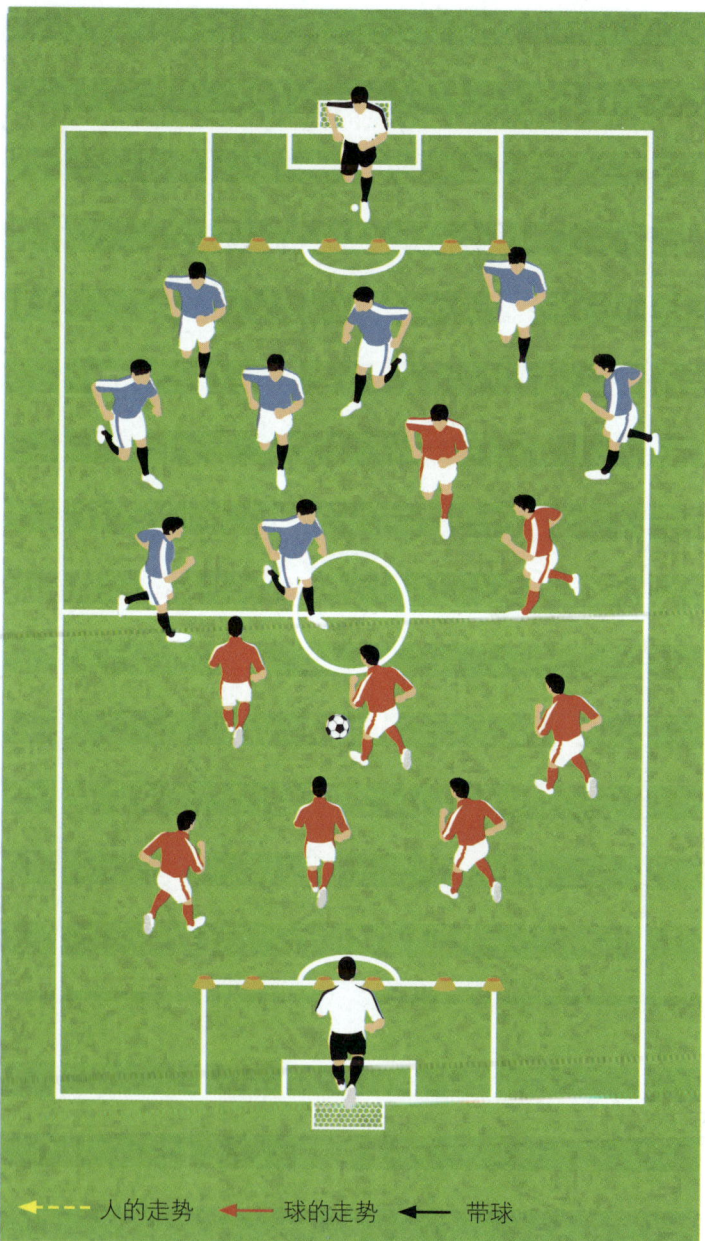

← - - - 人的走势　　← 球的走势　　← 带球

在标准的足球场地中进行训练，用标示盘在罚球区前方的界线上标出3个6米宽的入口球门。所有球员平均分成2组，每组8人，每个球门内安排1名守门员。

两组球员在两个罚球区之间进行8对8比赛，除非足球通过3个入口球门之一先进入罚球区，否则进攻球员不能进入对方的罚球区。一旦足球进入罚球区，3名进攻球员即可冲入罚球区完成进攻。防守球员不可以进入自己的罚球区。一旦足球进入罚球区，进攻球员必须在两次或更少的传球次数内射门。

每次足球成功通过入口球门进入对手的罚球区得1分，如果进球再得1分。持续训练25分钟，得分最高的一组获胜。

🔑 **技术要领**

训练要点

训练中要快速移动足球，并且通过较少的触球次数改变进攻点。可以通过横向或向后传球创造突破机会，使足球尽快通过入口球门进入罚球区。

进攻战术

▶3 个区域的转移比赛

技巧 156

难度等级 ★★★★☆ 时间 25分钟

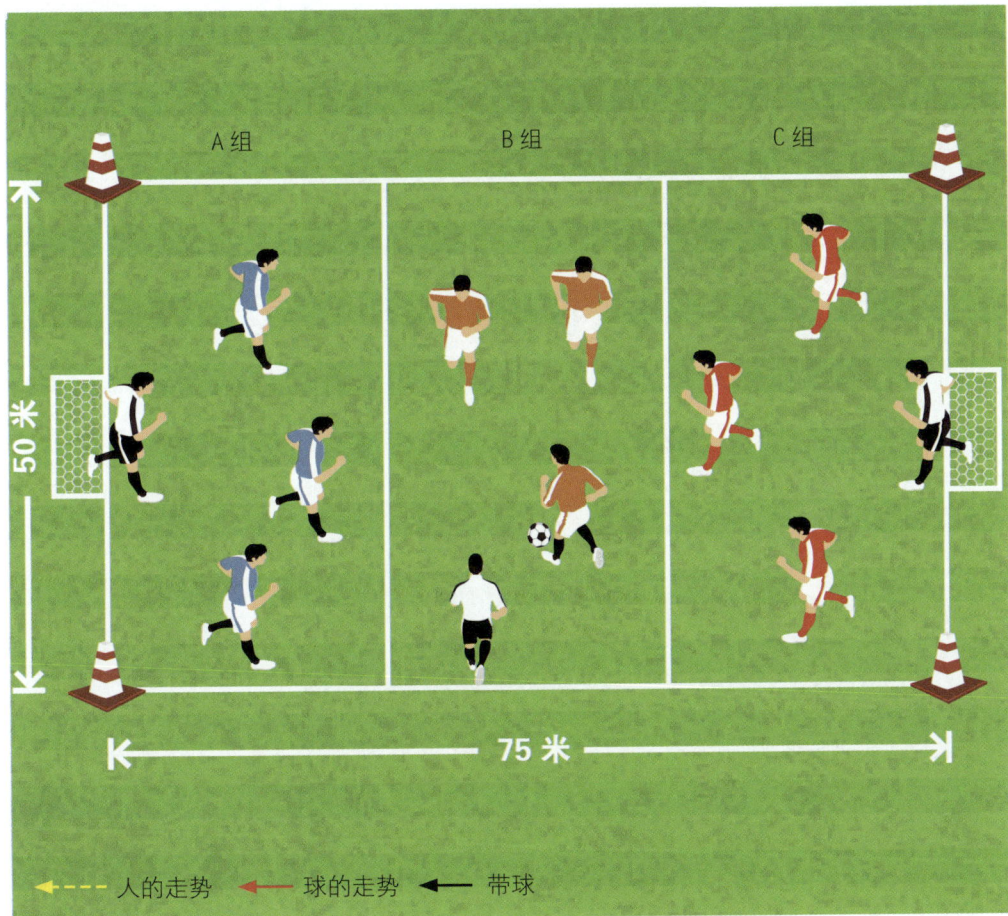

A 组　　　　　　　B 组　　　　　　　C 组

50 米

75 米

- - - ← 人的走势　← 球的走势　← 带球

用4个锥桶标出一个75米×50米的场地，每侧底线的中间各有一个标准大小的球门。将场地纵向平均分为3块25米×50米的区域。所有球员平均分成3组，每组3人，再指定1名中立球员和2名守门员。A组和C组位于场地两端的区域，B组位于中间区域，2名守门员位于球门中。

B组持球开始比赛，中立球员加入拥有控球权的一方。B组在中立球员的支援下向前移动，试图突破A组的防守并射门。如果A组抢球成功或拦截传球成功、守门员将足球截下或B组进球、B组最后一次触球使足球出界，那么控球权将转移给A组。

获得控球权的A组从底端区域向中间区域移动，B组则保持在底端区域，成为下一轮比赛的防守方。A组的球员在进入另一侧底端区域向C组发起进攻前，先在中间区域组织好阵型。持续训练25分钟，得分最高的一组获胜。

技巧
157

▶ **有底线和边线中立球员的比赛**

难度等级 ★★★★☆　⏱时间　10分钟

💡 **小提示**

注意在宽度和深度上进行传球配合，以最少的触球次数快速移动足球。

用4个锥桶标出一个60米×50米的场地，每侧底线的中间各有一个标准大小的球门。所有球员平均分成3组，每组各有6名场上球员，有2组位于场地内，各自防守己方的球门，守门员位于各自的球门中。另一组作为支援球员，分布在球场四周的界线上：每侧边线有1名球员；每侧底线有2名球员，分别位于球门两侧。

场地内的两组球员进行比赛，持球的一方可以传球给边线和底线的支援球员，形成12对6的优势。底线和边线的支援球员不能进入场内，但是可以沿着界线侧向移动。边线的支援球员在传球中仅能触球两次；底线的支援球员在传球中仅能触球一次。

持续训练10分钟或成功射门2次后，场地内其中一组球员与边线和底线的支援球员交换位置。按照足球锦标赛的规则，让每组都与其他组进行一次比赛。每次进球得1分，得分最高的一组获胜。

◀---- 人的走势　◀── 球的走势　◀── 带球

进攻战术

▶ **整体团队进攻**（西班牙队的风格）

技巧 **158**

难度等级 ★★★★☆　⏱时间 20分钟

← - - - 人的走势　　← 球的走势　　← 带球

用4个锥桶标出一个80米×60米的场地，场地中间标有一条中线，两侧底线的中间各有一个标准大小的球门。所有球员平均分成2组，每组有7名场上球员和1名守门员。每组球员防守己方底线上的球门，并通过在对方球门进球得分。

控球方的7名场上球员必须向前移动，进入对手那侧场地后才能射门。每次成功射门得2分，如果被守门员拦下得1分。持续训练20分钟，得分最高的一组获胜。

💡 **小提示**

西班牙国家男子足球队曾使用整体团队进攻的方式赢得2012年的欧洲杯冠军，该进攻方式在向前进攻的同时保证了球队的紧凑性和球员的默契配合。

第7章

防守战术

防守方不仅要有很强的机动性和保护性，还需要准确地判断进攻方的动作。在球向对手滚去、对手接到球、对手踢出球的时候，要看准时机在瞬间发动攻势，成功抢夺控球权。

第7章　防守战术

技巧
159

▶ **1对1防守应该学会的技巧**

难度等级 ★★★☆☆　⏱时间 适度

1. 防守的基本姿势

双脚前后开立，身体正对对手，尝试用脚步牵制对手的基本姿势。球员要练习保持该姿势来应对任何方向的攻势。

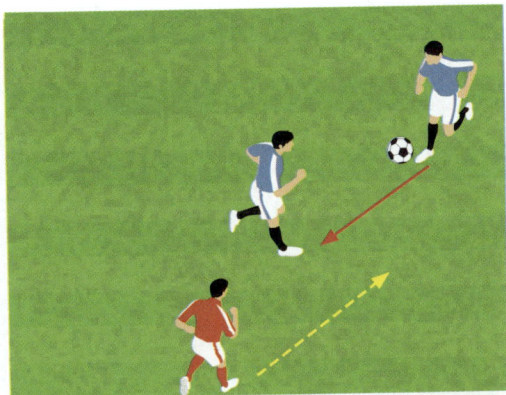

2. 推测双方距离

在对手没有接到足球之前，防守球员要尽量接近对手，从而限制对手的行动。要掌控好与进攻球员的距离，如果太近可能进攻球员一转身就突破了防守。

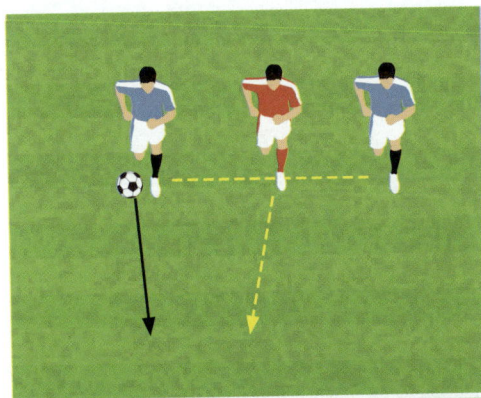

3. 以站位来限制对手的行动

挡在对手与己方球门之间是最基本的方法，如果对手横向传球，也可以挡在传球线上，这会使对手的行动受到限制，优秀的防守球员要以站位来阻止对手突破。

4. 把铲球当作最后手段

在比赛中，防守球员一般都是站着抢球的，但如果是在防线要被攻破的紧要关头，可以尝试用铲球来拦截。铲球滑行后要保证自己可以迅速起身。

技巧 160

防守战术

▶ 简单 1 对 1（防守版）

| 难度等级 | ★★★☆☆ | ⊙时间 | 15~20分钟 |

💡 **小提示**

防守时一般是站着抢球，但如果面对快被突破的情况，可以尝试铲球。铲球具有迅速、突然等特点，是在身体倒地时用脚或腿的伸蹬动作进行拦截。

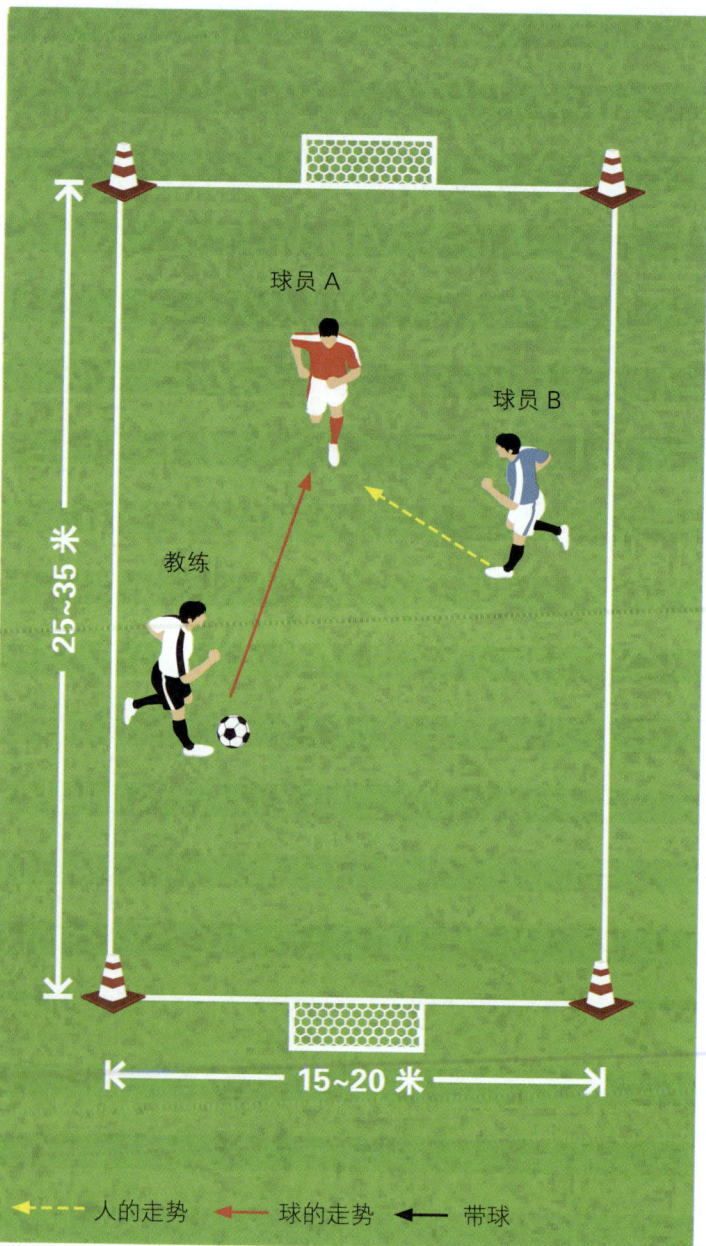

球员 A

球员 B

教练

25~35 米

15~20 米

用 4 个锥桶标出一个 25~35 米 ×15~20 米的场地，由教练持球，教练将足球传给球员 A，同时球员 B 迅速上前抢夺足球。

球员 A 接球后向对方球门进攻，球员 B 则进行防守，并伺机抢夺控球权。球员 A 成功射门得 1 分。如果足球被球员 B 抢走，双方转换角色，球员 B 向对方球门发起进攻。得分或足球出界就换下一组球员上场。持续训练15~20 分钟，得分最高的球员获胜。

- - - ▶ 人的走势 ⟶ 球的走势 ⟶ 带球

防守战术

技巧
161

▶ # 有支援球员的 1 对 1（防守版）

难度等级 ★★★☆☆　⏱时间 适度

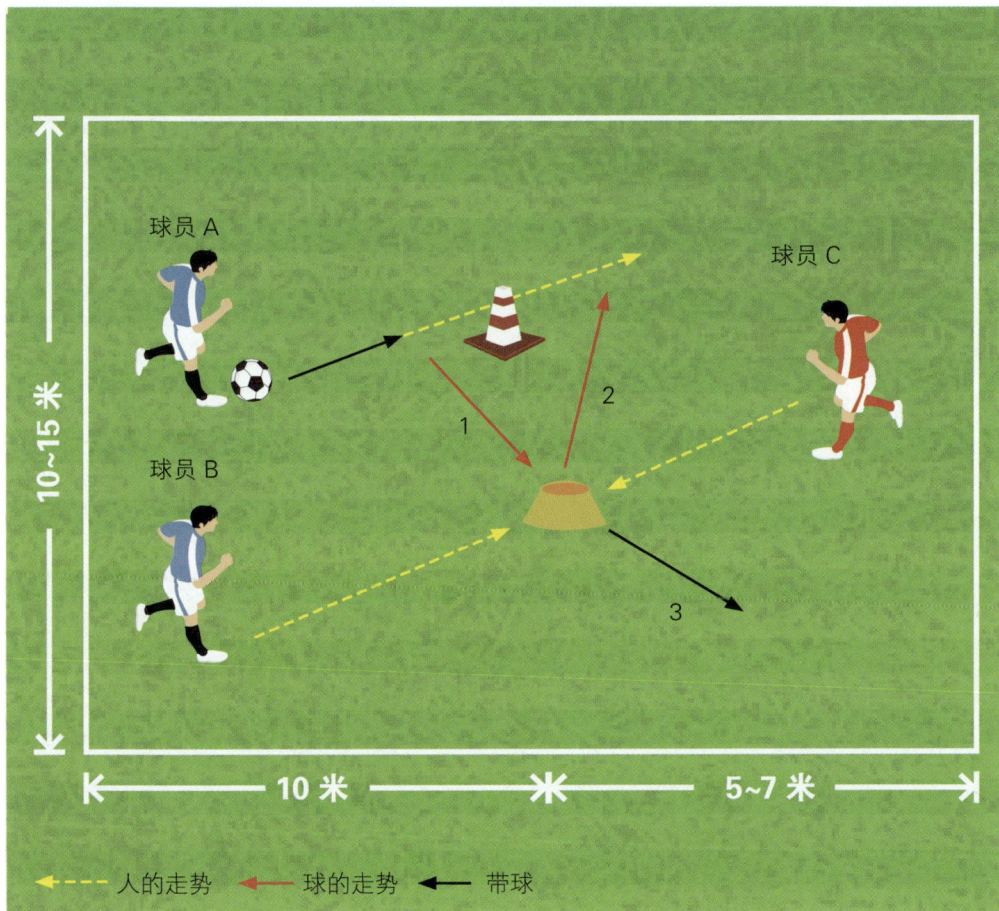

球员 A

球员 C

球员 B

10~15 米

1

2

3

10 米　　　　5~7 米

- - - ◀ 人的走势　◀── 球的走势　◀── 带球

根据图中位置，在场地中放置 1 个锥桶和 1 个标示盘，球员 A 带球出发，同时球员 B 向标示盘方向移动。球员 A 将足球传给标示盘附近的球员 B（路线 1），球员 B 可以把足球回传给球员 A（路线 2），也可以直接带球突破（路线 3）。球员 C 向接到足球的球员 B 靠近，并设法抢夺控球权，如果成功射门或足球被抢走就换下一组球员上场。

换球员 B 带球出发，从反方向发起进攻。

💡 **小提示**

在有支援球员的1对1比赛中，防守球员面对两名进攻球员，防守球员要拉近与持球球员的距离，并限制其行动，寻找机会设法抢球，同时还要关注支援球员的动作。

技巧 162

▶ 分边过线 1 对 1

难度等级 ★★★☆☆　　⏱时间 15~20分钟

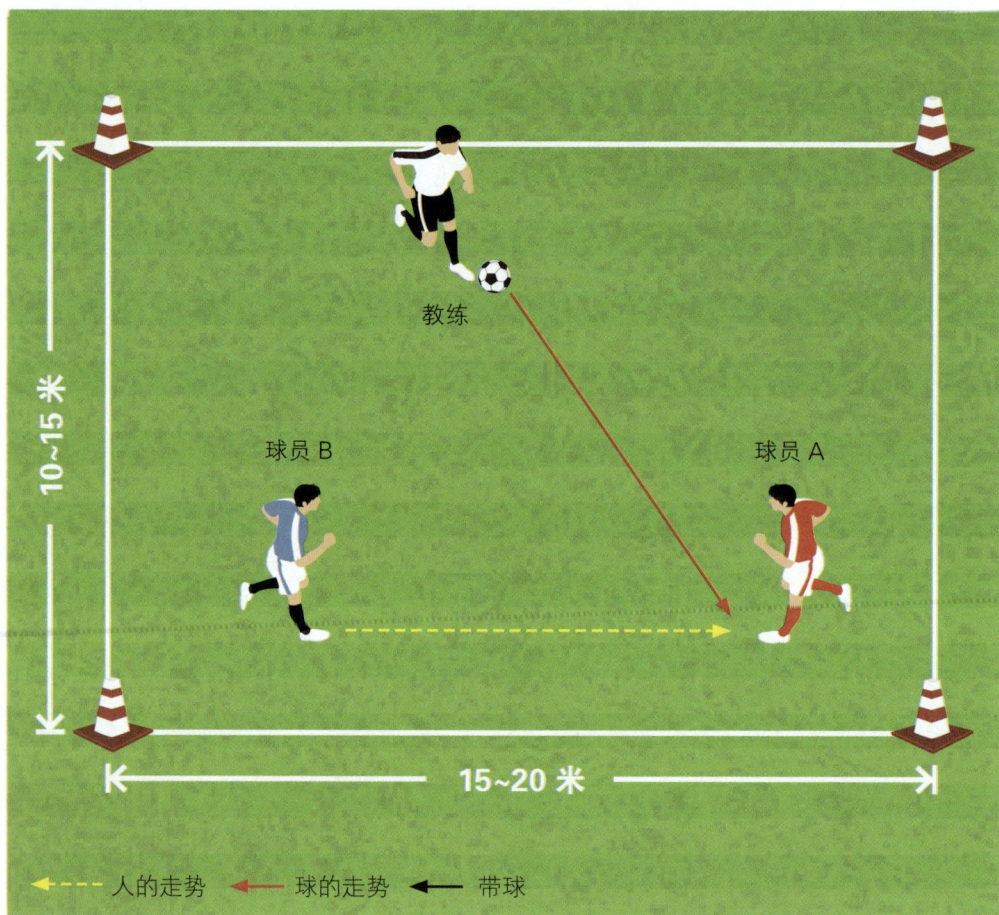

教练

10~15 米

球员 B

球员 A

15~20 米

◀---- 人的走势　　◀── 球的走势　　◀── 带球

用4个锥桶标出一个15~20米×10~15米的场地，由教练持球，将足球传给球员A，球员B迅速上前抢球。

球员A带球越过底线得1分，球员B如果成功抢到控球权也可以朝对方底线进攻。得分或足球出界就换下一组球员上场。教练观察防守球员是否使用正确的脚步技巧阻挡进攻球员的带球。持续训练15~20分钟，得分最高的球员获胜。

🔑 技术要领

控球权

进攻球员要设法突破防守，带球过对方底线；而防守球员则要进行防守，寻找机会抢夺控球权。

防守战术

▶ 有目标球员的分边过线 1 对 1

第7章

技巧 163

| 难度等级 ★★★☆☆ | 🕐 时间 | 15~20分钟 |

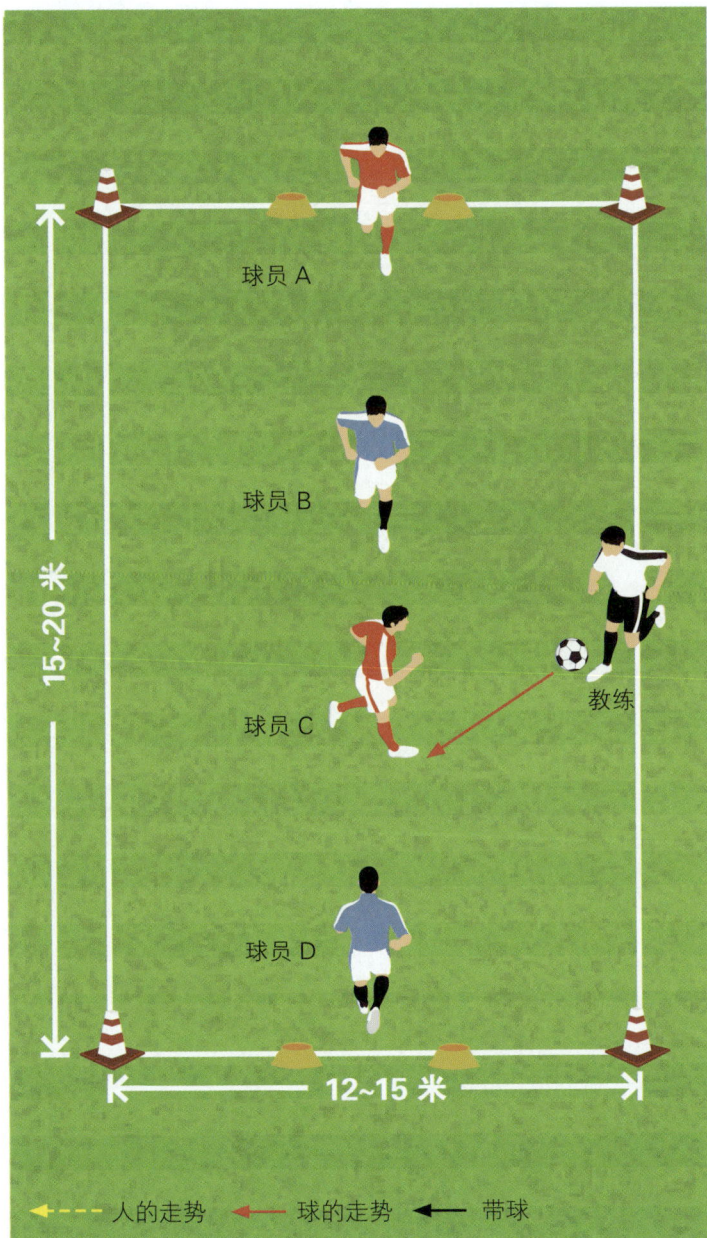

球员 A

球员 B

球员 C

教练

球员 D

15~20 米

12~15 米

◀---- 人的走势 ◀━ 球的走势 ◀━ 带球

💡 **小提示**

防守球员要根据对手的传球方向调整站位。如果对手想传球给目标球员，最好的方法是站在对手和目标球员之间；如果对手想要横向传球，则可以站在传球线上。

▍用 4 个锥桶标出一个 15~20 米 ×12~15 米的场地，两侧底线分别用 2 个标示盘设置一个 1~2 米宽的球门。所有球员 2 人一组，两侧底线的球门处各站 1 名目标球员，剩下的 2 名球员站在场地内。

▍由教练持球，将足球传给球员 C，同时球员 B 迅速上前抢夺控球权。球员 C 可以选择将足球传给目标球员，多使用回传球。球员 B 如果成功抢到控球权也可以向对手的底线进攻。

▍每次成功射门或足球出界就换下一组球员上场。持续训练15~20分钟。

技巧
164

▶ **锥桶分边射门 1 对 1**

难度等级 ★★★☆☆　⏱时间　15~20分钟

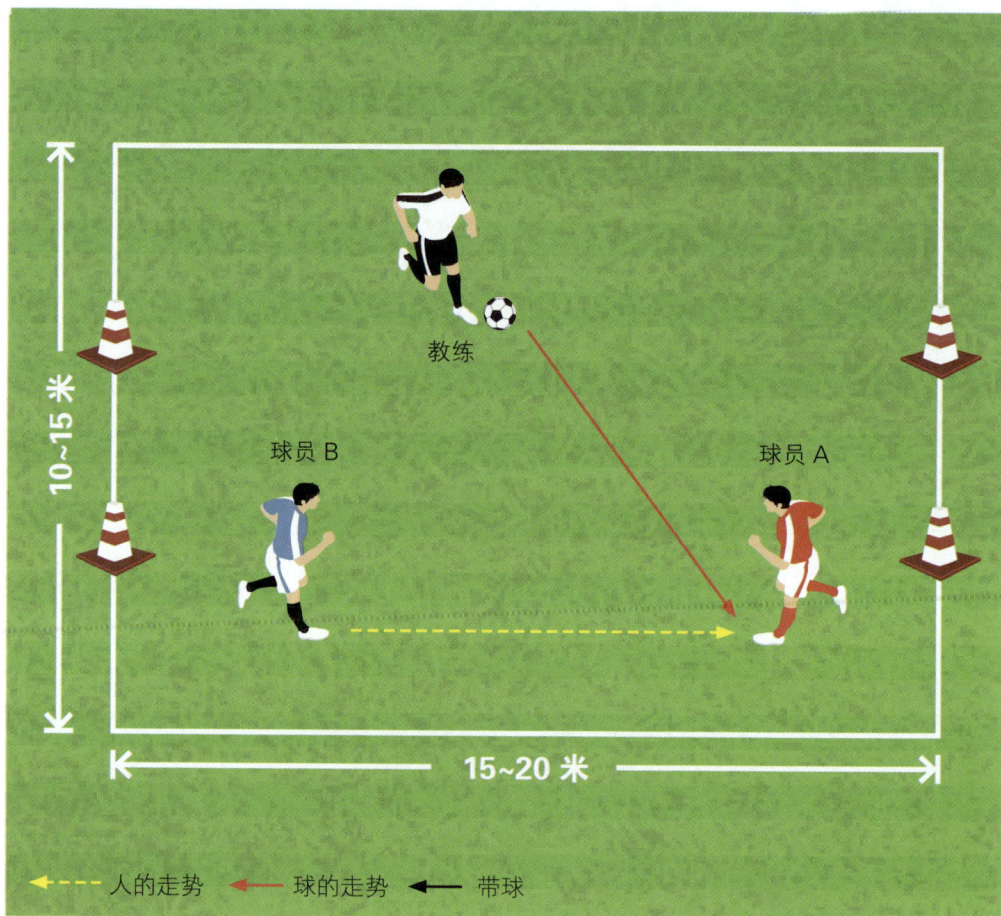

球员 B

球员 A

教练

10~15 米

15~20 米

◀---- 人的走势　◀— 球的走势　◀— 带球

使用15~20米×10~15米的场地，场地两端分别用2个锥桶设置一个1~2米宽的球门。由教练持球，将足球传给球员A，同时球员B迅速上前抢球。球员A带球进攻，把足球踢进对方锥桶中间就算射门成功。球员B如果成功抢到控球权，也可以向对方球门进攻。

每次成功射门或足球出界就换下一组球员上场。持续训练15~20分钟。

🔑 **技术要领**

注意球门位置

防守球员在防守对手的同时还要注意球门的位置，以便阻挡进攻球员带球前进，以及预测对方的射门角度。

技巧
165

▶ **正面抢截**

难度等级 ★★★★☆ 　⏱时间　15~30秒

两名球员保持一定距离面对面站立，持球球员带球前进，防守球员准备抢截。

防守球员快速向前移动，拉近与持球球员的距离，双脚前后分开，双腿屈膝，降低身体重心。

脚踝保持稳定，身体重心前移，用脚内侧向足球的中心推过去，赢得控球权。

point
用脚内侧截球

🔑 **技术要领**

脚踝保持稳定

正面抢截是直接从面对自己带球前进的对手处获得足球的控制权，是比赛中由防守转换为进攻的主要技术。正面抢截时，动作要迅速、果断。用截球脚的内侧触球，脚前伸时要保持稳定，脚内侧发力从足球中心推过去。

▶ 捅球

难度等级 ★★★★☆　　⏱时间　5分钟

point
用脚尖捅球

🔑 **技术要领**

拉近与对手的距离

捅球技术常用于短距离传球和抢点射门。防守球员要快速拉近与持球球员的距离，将腿和脚前伸，用脚尖触球。此动作具有幅度小、速度快的特点。在接近持球球员时，防守球员始终要保持身体平稳，看清楚足球的位置，在恰当的时刻迅速伸脚捅球。

▌防守球员从身后接近持球球员，保持身体稳定，将注意力集中在足球上。

▌右脚前伸，用脚尖捅球，注意在触球前，尽量少与持球球员发生身体接触。

▌被捅出的足球向前移动，同时防守球员立即向足球的运动方向跑去，获得控球权。

防守战术

▶ **2对2进球**

难度等级 ★★★☆☆　　⏱时间　15分钟

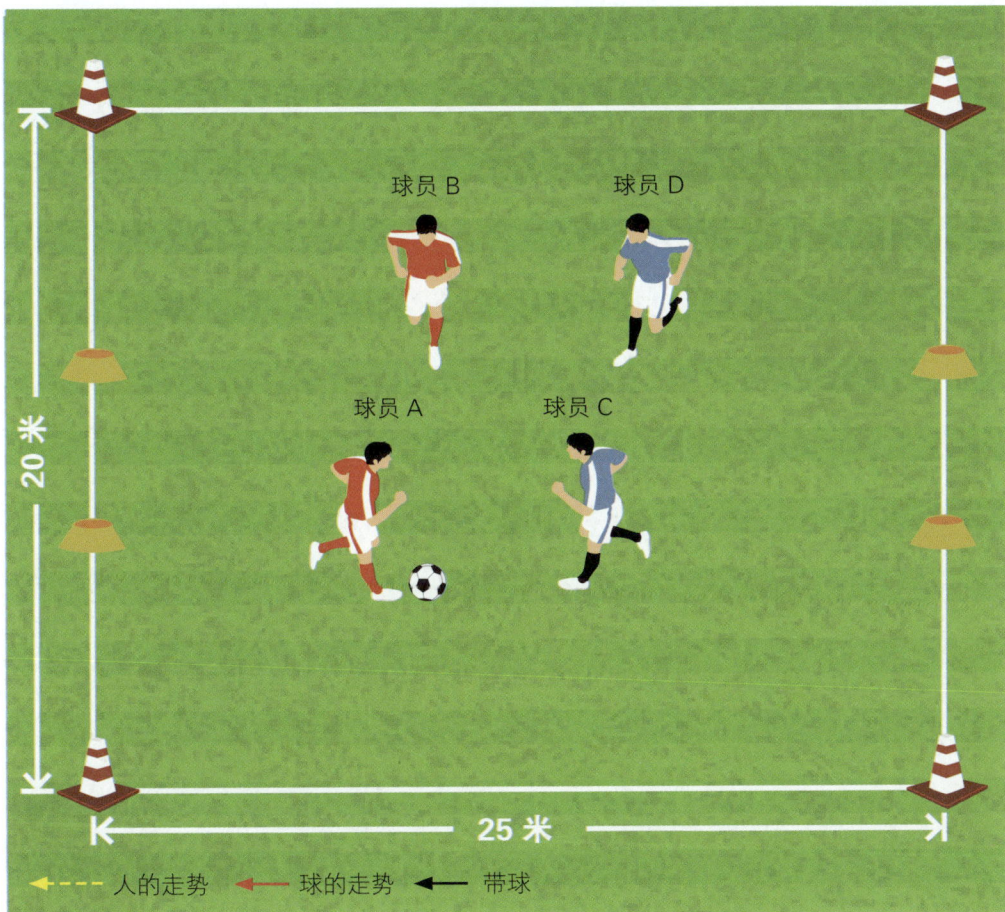

球员B　　　　球员D

球员A　　　　球员C

20米

25米

◀---- 人的走势　◀—— 球的走势　◀━ 带球

用4个锥桶标出一个25米×20米的场地，在场地两端分别用2个标示盘设置1个4米宽的球门。所有球员平均分成2组，每组2人，分别防守一个球门，不需要守门员。

当听到教练的信号后，球员A持球，从场地中间开球，向对方的球门发起进攻，成功射门要求足球的高度低于膝盖的高度，如果防守方成功抢到控球权也可以向对方球门进攻。防守球员要与队友相互配合，让进攻方感到足够的压力。

球员C对球员A施加压力的同时，球员D要移动到合适的位置，阻止球员A从球员C的后侧或侧边传球突破。如果足球被传给球员B，球员D要立即准备抢球。持续训练15分钟，进球次数最多的一组获胜。

技巧
168

▶ **阻止致命传球**

难度等级 ★★★☆☆　⊙时间 10分钟

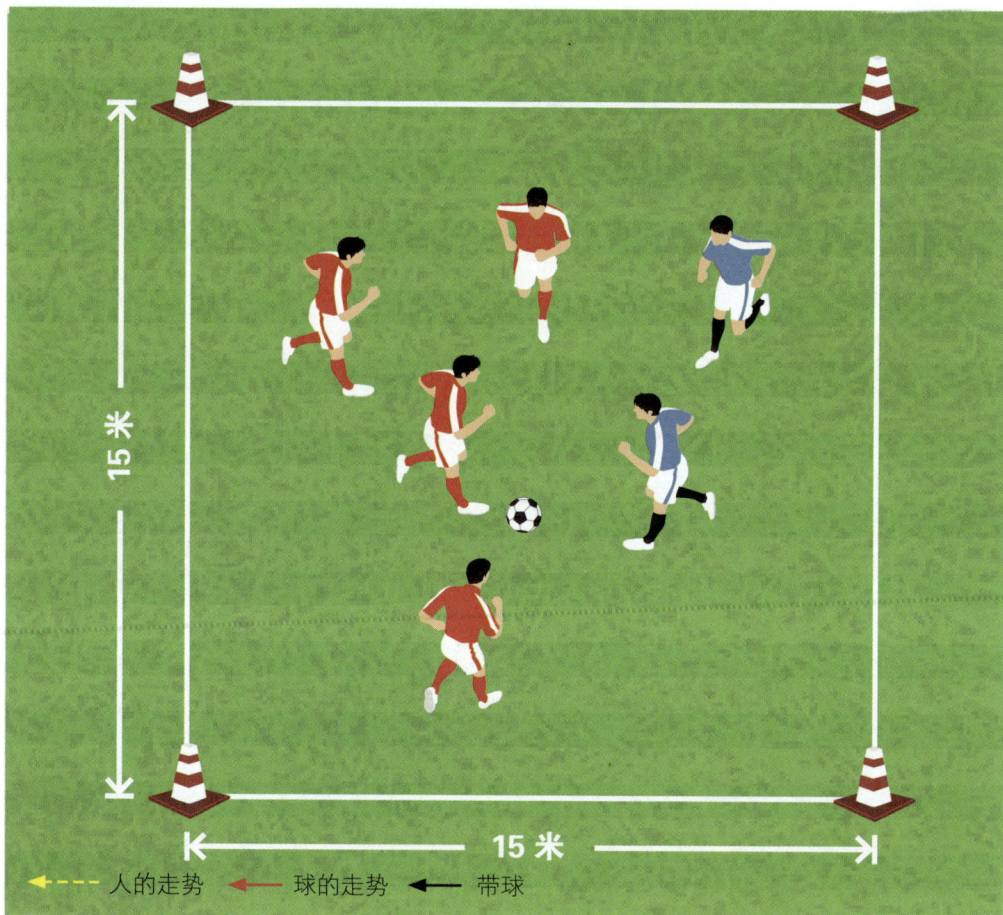

15米

15米

- - -▶ 人的走势　　◀— 球的走势　　◀— 带球

用4个锥桶标出一个15米×15米的场地，4名进攻球员和2名防守球员位于场地中。所有球员分成2组，一组的4名球员为进攻方，另一组的2名球员为防守方。进攻方持球，试图让足球在场地内远离防守方，防守方则尽力抢夺控球权。

进攻方连续传球6次得1分，如果传出从防守球员之间经过的致命传球，则再加1分。防守方每次获得控球权或迫使进攻方将足球踢出界得1分。持续训练10分钟，得分最高的一组获胜。

🔑 **技术要领**

致命传球

防守球员要对持球球员施加压力，限制对方的传球空间，防止其传出从防守球员之间经过的致命传球。

防守战术

▶3 对 2（+1）比赛

难度等级 ★★★☆☆　　⊘时间　15分钟

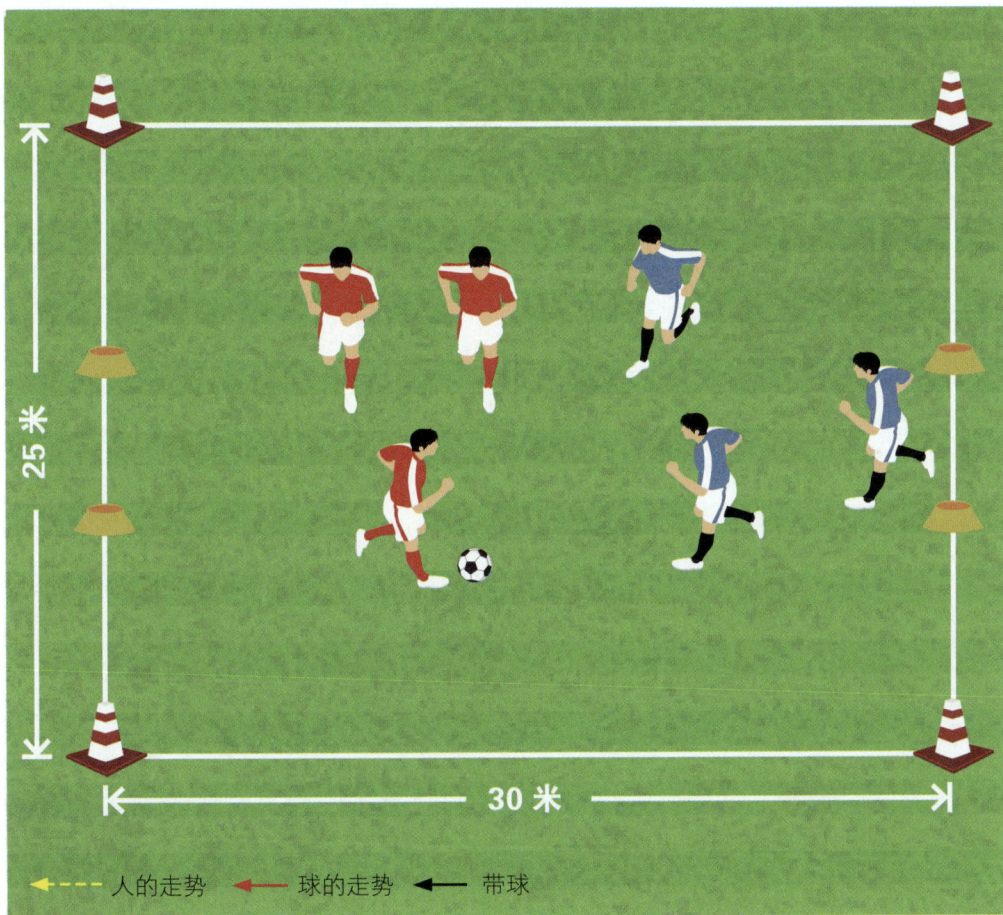

◀---- 人的走势　◀── 球的走势　◀── 带球

用4个锥桶标出一个30米×25米的场地，在场地两端分别用2个标示盘设置1个4米宽的球门。所有球员平均分成2组，每组3人。持球的一组为进攻方，另一组为防守方。

当听到教练的信号后，进攻方的球员发起进攻，防守方安排2名场上球员和1名守门员，阻止对方射门，并试图抢球。进攻方带球突破防守并成功射门得1分。如果防守球员成功拦截足球，要将足球传给守门员，然后才能向对方球门发起进攻，守门员也随队友一起进攻。

失去控球权的一方，要撤一人退到守门员位置，剩下的2名球员进行防守。当防守球员抢断球、成功射门或进攻方最后一次触球后球出界时，双方交换控球权，球员们轮流担任守门员。持续训练15分钟，得分最高的一组获胜。

技巧
170

▶ **阻止对手突破**

难度等级 ★★★☆☆　⏱时间　5分钟

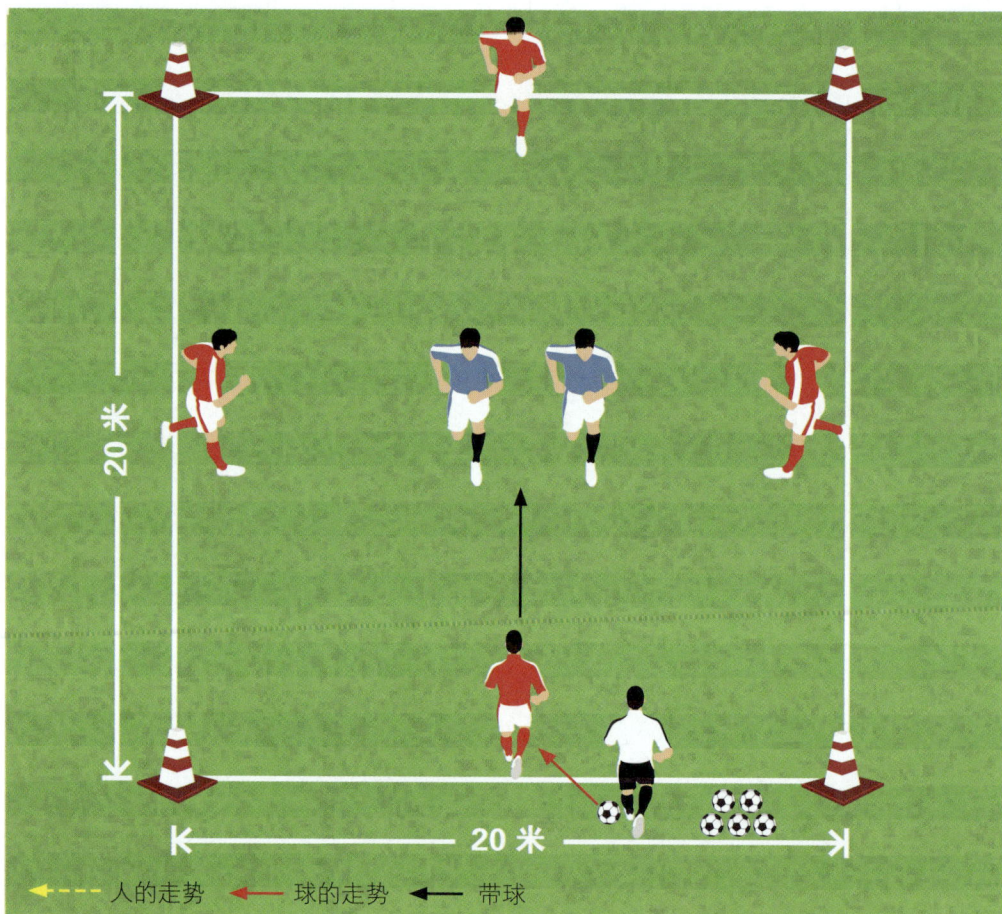

20 米

20 米

◀---- 人的走势　◀── 球的走势　◀── 带球

用4个锥桶标出一个20米×20米的场地，4名进攻球员分别站在场地4条边线的中间，2名防守球员站在场地中心，教练站在场地外供球。

训练开始时，教练向进攻球员传球，进攻球员接球后带球前进，试图直接将球带到对面边线上，场地中间的2名防守球员要联合阻止对手突破，如果进攻球员不能立即突破防守，则将球传给左右两侧的队友，同时防守球员也要重新调整位置，阻止新的进攻球员突破防守。

如果防守球员成功抢球或足球出界，教练立刻向不同方向的进攻球员供球。每次进攻球员成功带球到达对面边线得1分，进攻球员沿着场地外侧回到起始位置，同时教练向不同的进攻球员供球，持续训练5分钟，然后场地中间的2名防守球员与2名进攻球员交换位置，使每名球员都当一次防守球员。

防守战术

▶ 每侧场地 3 对 2

| 难度等级 ★★★★☆ | ⏱时间 15~20分钟 |

⤚⤚⤚ 人的走势　◄— 球的走势　◄— 带球

用4个锥桶标出一个50米×35米的场地，场地中间标有一条中线，在场地两端分别设置1个标准大小的球门。所有球员平均分为2组，每组5人，2名守门员分别位于球门中。每组指定3名球员作为进攻球员位于对手半场中，2名球员作为防守球员位于己方半场中，两侧场地就形成了3对2的情形。每组球员防守己方球门，可以通过将足球射入对方球门得分。

各名球员只能在指定的半场内移动，如果防守球员成功抢到控球权，可以将足球传给另一侧场地中的队友，从而发起进攻。其他规划与正规的足球比赛一致。持续训练15~20分钟，进球最多的一组获胜。

💡 **小提示**

每侧场地3对2练习可以增强球员之间的战术配合能力，防守球员要迫使进攻球员只能侧向传球，或从不佳的角度射门，并保持第一防守球员身后的空间。

▶3 对 3（+2）控球比赛

难度等级 ★★★★☆　　⏱时间　15分钟

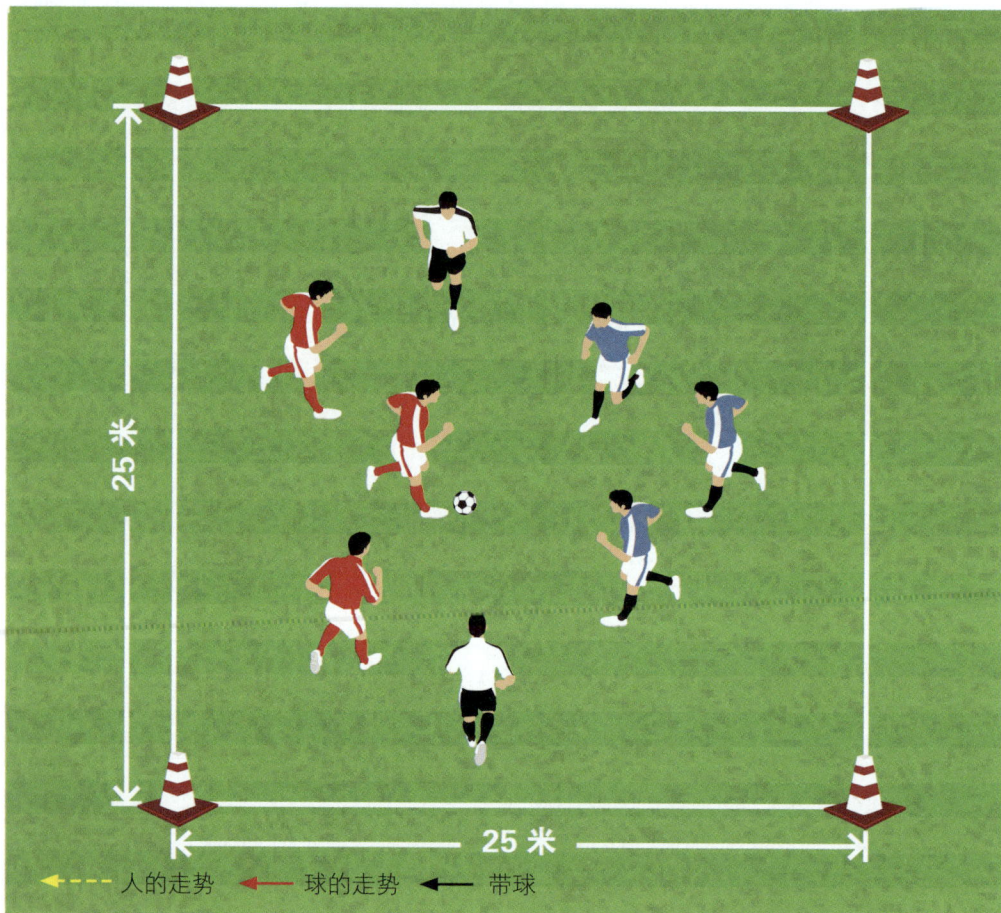

25 米

25 米

◀---- 人的走势　◀---- 球的走势　◀---- 带球

用4个锥桶标出一个25米×25米的场地，所有球员位于场地中。球员分成2组，每组3人，持球的一组为进攻方，另一组为防守方。场中还有2名中立球员，他们加入拥有控球权的一组，使场上形成5对3的情形。

当听到教练的信号后，进攻方和中立球员在尽可能多次传球而不丢球的情况下保持控球权。防守方要相互配合，第一防守球员要给对手施加压力，第二防守球员负责盯防，第三防守球员负责平衡，通过协调移动来保持合适的防守位置。

进攻方连续传球6次并且不丢失控球权得1分，连续传球10次及以上并且不丢失控球权得2分。持续训练15分钟，得分最多的一组获胜。

🔑 技术要领

中立球员

2 名中立球员会加入拥有控球权的一方，一旦防守方成功抢球，他们就跟随持球的一方进攻。

防守战术

▶5 对 3（+2）比赛

| 难度等级 | ★★★★☆ | ⏱时间 | 15分钟 |

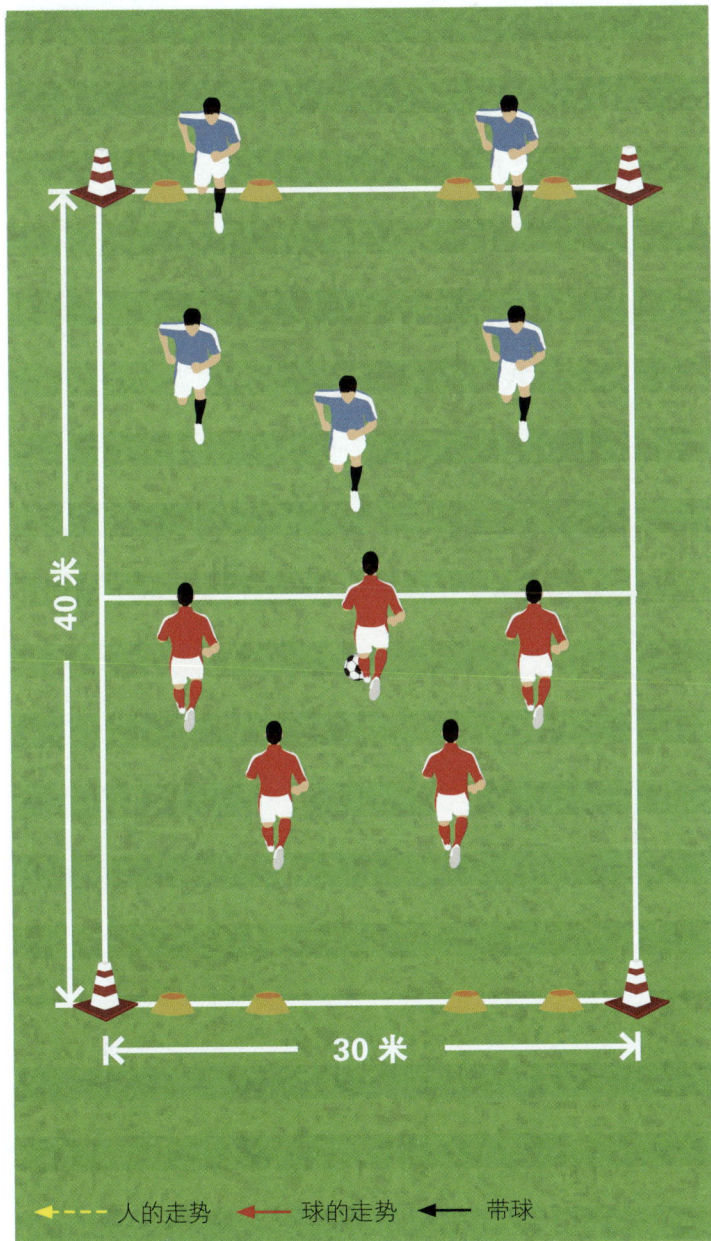

40 米

30 米

- - - → 人的走势　　← 球的走势　　← 带球

💡 小提示

防守方的球门处还有2名球员防守球门，防守方要阻止对手通过带球突破防守，迫使进攻球员从不佳的角度射门。

用4个锥桶标出一个40米×30米的场地，场地两侧的边线上分别用4个标示盘设置2个5米宽的球门，同侧球门间隔10米远。所有球员平均分为2组，每组5人。每组球员要防守己方底线上的两个球门，且通过在对方的两个球门中进球得分。

当听到教练的信号后，持球的一方带球进攻。防守方有3名球员在场上防守，2名球员在球门前充当守门员。

如果防守球员成功抢球，必须将球传给守门员，然后与2名守门员一起反攻，在另一侧场地形成5对3的情形。每次控球权发生改变时，进攻方和防守方也发生转换。进攻方连续传球8次并且不丢球得1分，每次成功射门得2分。持续训练15分钟，得分最高的一组获胜。

技巧
174

▶ **6 对 6+6**

难度等级 ★★★★☆　　⏱时间 20分钟

- - - → 人的走势　◀— 球的走势　◀— 带球

标出一个44米×36米的罚球区，所有球员平均分成3组，每组6人。指定一组为防守方，其余两组联合起来组成12人的进攻方。进攻方持球，只能通过两次及以下的触球来接球和传球，如果防守方成功抢夺控球权、进攻方导致足球出界或进攻方使用两次以上触球来接球和传球时，攻防交换。

如果进攻方连续传球8次而没有丢球，防守方被罚1分。持续训练20分钟，罚分少的一组获胜。

🔑 **技术要领**

缩小防守空间

防守方的球员要相互配合，缩小防守空间，距离足球最近的防守球员要对持球球员施压，附近的队友要为第一防守球员提供盯防保护。

防守战术

▶ 10 对 5（+5）穿越中线

难度等级 ★★★★☆　⏱时间　15分钟

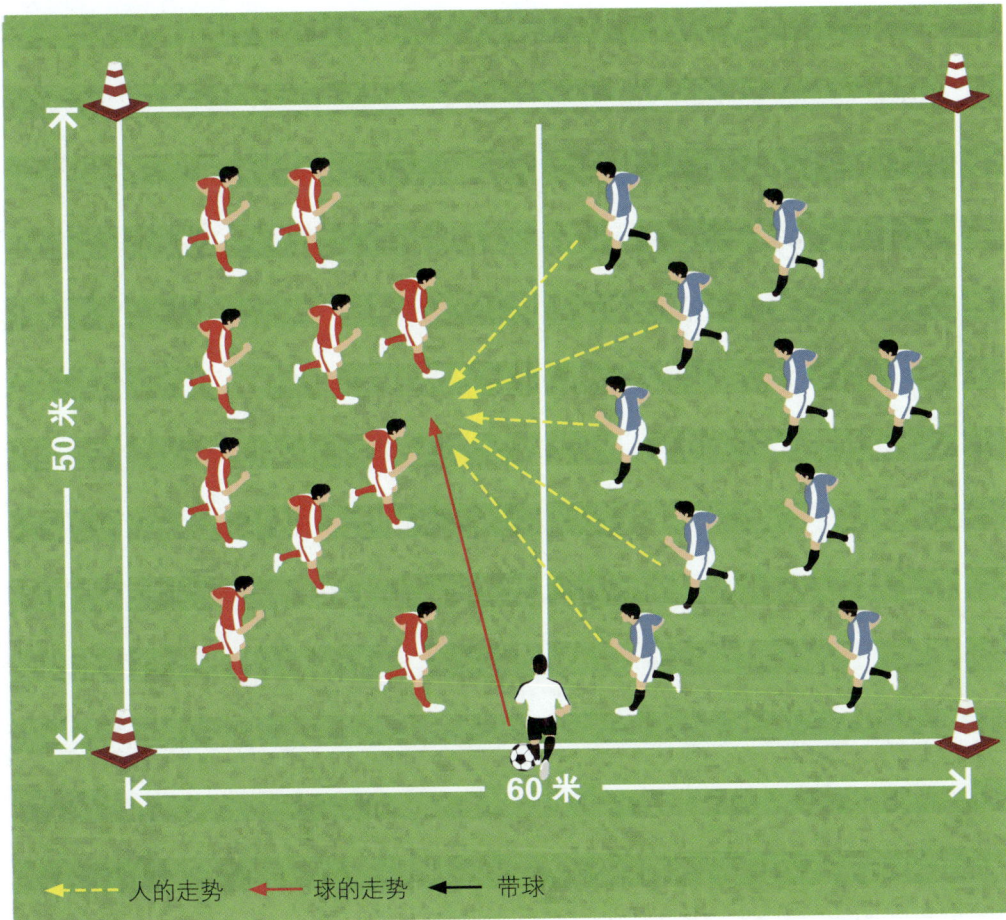

50米

60米

◀----- 人的走势　◀----- 球的走势　◀----- 带球

用4个锥桶标出一个60米×50米的场地，场地中间标有一条中线。所有球员平均分成2组，每组10人，分别位于场地两侧。教练站在场地外向一组传球，另一组立即派5名球员越过中线进入对方的场地抢夺控球权。持球方的球员通过两次及以下的触球相互传球来保持控球权，如果足球被防守方的球员抢走，成功夺取控球权的5名球员则将足球从中线踢过传给队友，并立即回到己方场地支援队友。而失去控球权的一方立即派5名球员越过中线进行抢球。

被派到对方场地的5名球员要相互配合，运用压力、盯防和平衡这3项防守战术进行防守。连续传球10次或以上的组得1分，持续训练15分钟，让进攻方得分最少的一组获胜。

💡 小提示

此练习中，两组球员随着控球权的变化在两侧场地之间来回移动，总是以10个进攻球员对5个防守球员的情形进行比赛。

技巧
176

▶ **6对6标准球门进球**

难度等级 ★★★★☆　　⏱时间　25分钟

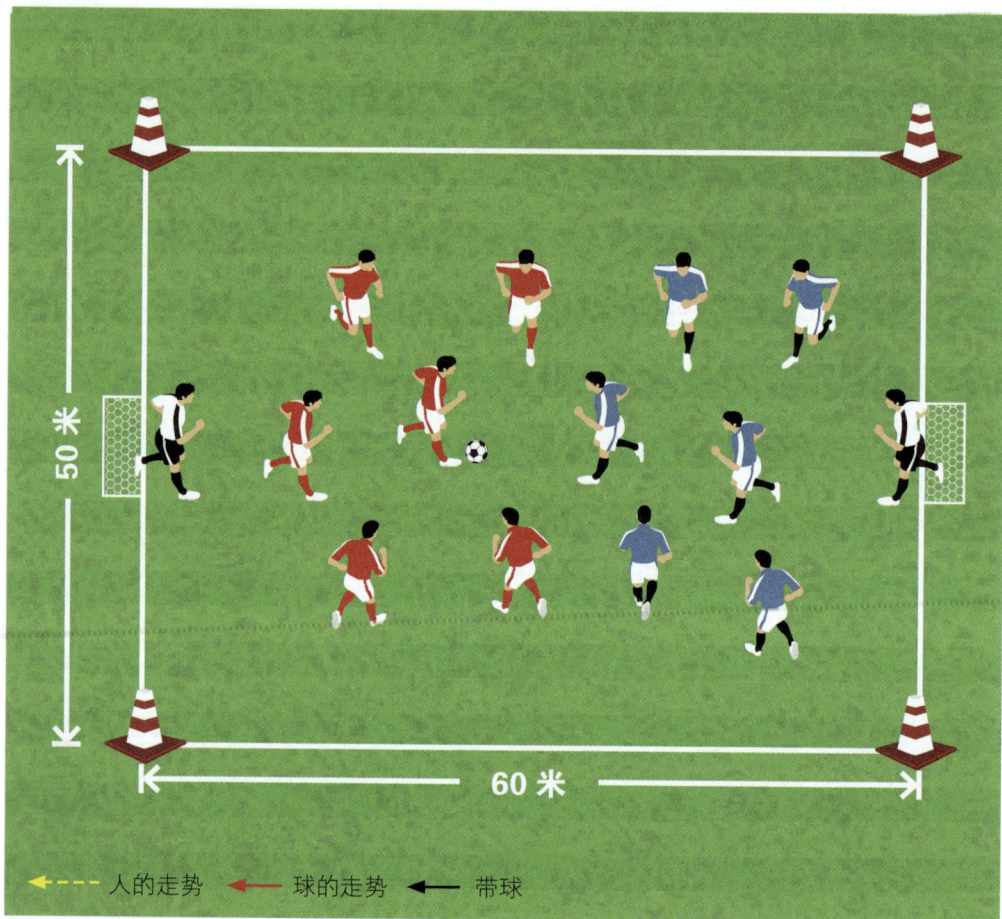

⬅---- 人的走势　⬅— 球的走势　⬅— 带球

用4个锥桶标出一个60米×50米的场地，场地两侧的底线上分别设置1个标准大小的球门。所有球员平均分成2组，每组有6名场上球员和1名守门员。持球的一组为进攻方，每组防守一个球门。

当听到教练的信号后，比赛开始，并通过在对方的球门进球得分。

其规则与正规的足球比赛一致，防守球员要根据足球的运动调整各自的位置。持续训练25分钟，让进攻方进球最少的一组获胜。

🔑 **技术要领**

进攻点施压

距离足球最近的防守球员要在进攻点施压，附近的队友要保护第一防守球员后方和侧边的空间。

技巧
177

▶ **以球为中心的防守**

| 难度等级 ★★★★☆ | ⏱时间 | 15~20分钟 |

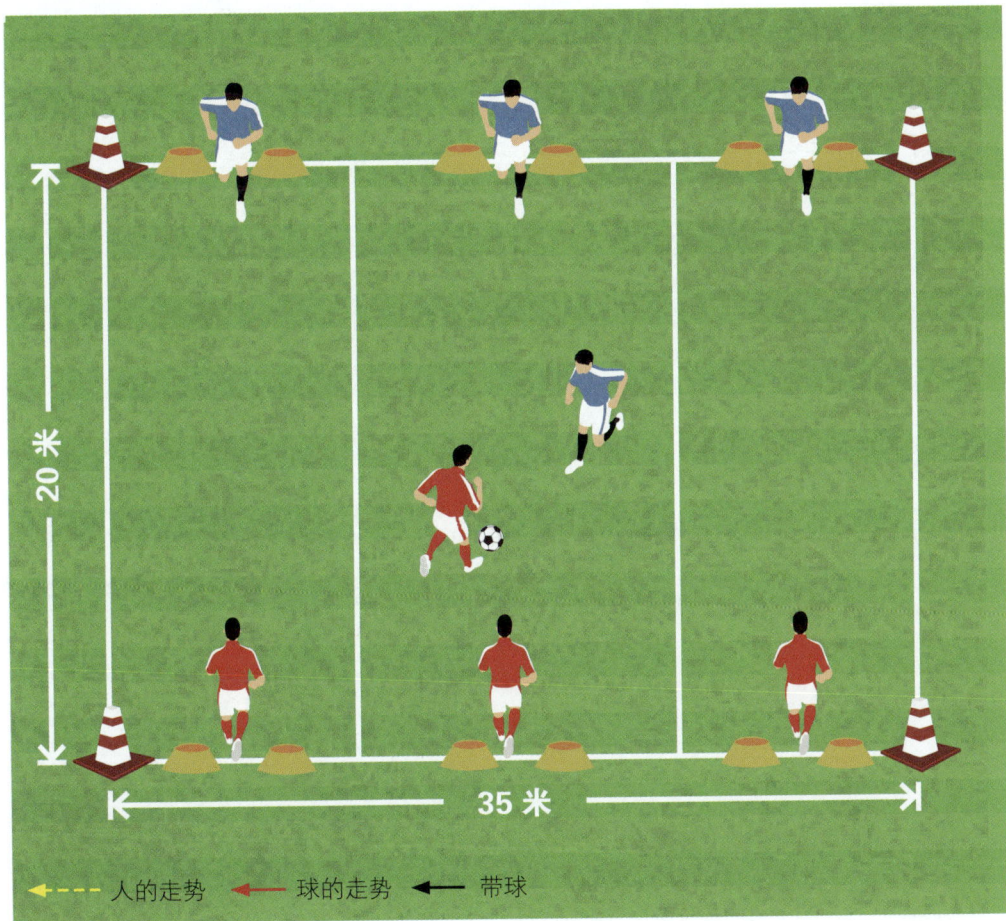

20 米

35 米

- - - - ◄ 人的走势　　—◄ 球的走势　　◄— 带球

用4个锥桶标出一个35米×20米的场地，将场地分成3块区域，两边的区域为10米×20米，中间的区域为15米×20米，每块区域的两侧分别用2个标示盘设置1个2米宽的球门。所有球员平均分成2组，每组4人。

每组分别负责防守一侧的3个球门，且可以通过将足球射入对方球门得分。每组分别安排1名球员进入两边的区域并在己方球门前进行防守，再安排2名球员进入中间的区域防守己方球门。防守球员只能在各自或相邻的区域内活动，且可以在合适的时刻为相邻区域的队友提供支援。进攻方的球员没有任何限制，可以在各个区域内移动，且不限制触球次数。防守方要采用合适的防守阵型和平衡战术。

每次成功射门得1分，得分最多的一组获胜。

191

防守战术

▶ 后场之战

难度等级 ★★★★☆   ⏱时间 15~20分钟

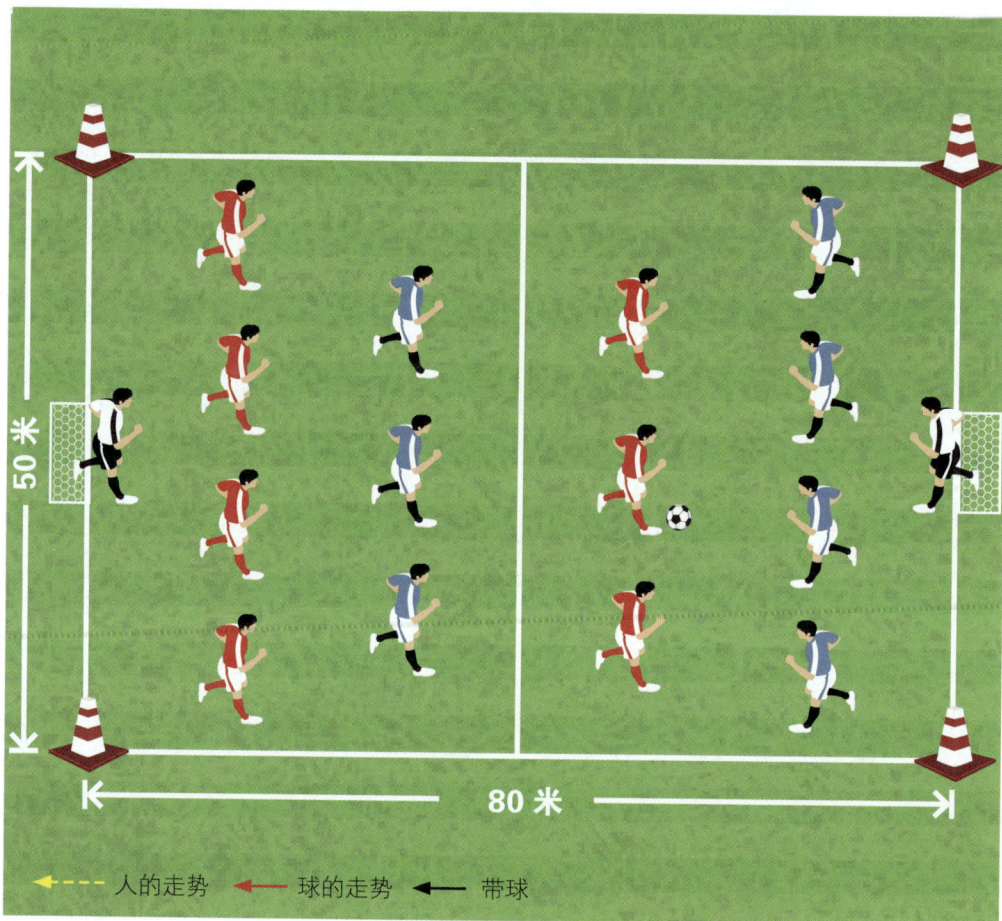

←--- 人的走势   ← 球的走势   ← 带球

用4个锥桶标出一个80米×50米的场地，场地中间标有一条中线，场地两侧的底线上各设置1个标准大小的球门。所有球员平均分成2组，每组有7名场上球员和1名守门员。

每组有4名球员位于防守侧场地，3名球员位于对手侧场地，所有球员不能越过中线。防守方在己方场地获得控球权后，可以通过3次及以下的传球将球传给位于对手侧场地的队友。如果超过3次传球，则控球权转给对方，除以上限制，其余规则与正规的足球比赛一致。持续训练20分钟，进球最多的一组获胜。

💡 小提示

限制对手的空间和时间，防止他们进行传球配合。该练习的重点是在己方场地快速移动足球且不丢球。

防守战术

技巧
179

▶ 数量劣势下的防守

难度等级 ★★★★☆　⏱时间 20分钟

←--- 人的走势　←— 球的走势　←— 带球

用4个锥桶标出一个90米×60米的场地，两侧底线的中间分别设置一个标准大小的球门。所有球员平均分成2组，每组各有7名场上球员和1名守门员，并指定2名加入进攻方的中立球员，让进攻方具有人数上的优势。每组各防守一个球门，且可以通过将足球射入对方球门得分。

在人数上处于劣势的防守方要运用以足球为中心的盯防战术，距离足球最近的防守球员直接在进攻点施压，其余球员撤回到球门侧位置，使场上变得紧凑。持续训练20分钟，进球最多的一组获胜。

🔑 **技术要领**

对足球施压

防守方要先对足球直接施压，并在最危险的射门区域增大防守力度，防止对手从中间区域射门。

技巧 180

▶ 从 4 对 6 转换到 6 对 4

难度等级 ★★★★☆ ⏱ **时间** 15~20分钟

←--- 人的走势 ← 球的走势 ← 带球

50 米 / **80 米**

用4个锥桶标出一个80米×50米的场地，场地中间标有一条中线，场地两侧的底线上各设置一个标准大小的球门。所有球员平均分成2组，每组有9名场上球员和1名守门员。每组有6名球员位于对方场地中，有3名球员位于己方场地中，形成6对4的情形。守门员分别位于各自球门中。

训练开始时，由教练向进攻方的6名球员传球，进攻方的球员试图在对方场地中突破防守并射门得分。如果防守方成功抢夺了控球权，必须将足球传给另一侧场地的队友，向对方的球门发起进攻。持续训练20分钟，进球最多的一组获胜。

💡 **小提示**

防守球员要进入恰当的盯防和平衡位置，在足球飞行时拉近与进攻球员的距离，直接在进攻点施加压力，限制对手的传球选择余地。

防守战术

▶杜绝对手向防线后方长传

难度等级 ★★★★☆   时间 25分钟

在标准的足球场地中进行训练，在距离每侧底线30米远的地方标出一条越位线。所有球员分为2组，每组8名场上球员和1名守门员，分别位于球场的两侧，但场上球员仅能在两条越位线之间移动。每组防守己方的球门，并通过将足球射入对方球门得分。

训练开始时，从场地的中间开球。在越位线的进攻球员不算越位，即便是位于最后的防守球员的后面也是如此。在足球进入前，防守球员不能进入越位线和己方球门之间的区域。除了以上限制，其他规则与正规的足球比赛一致。持续训练25分钟，进球最多的一组获胜。

🔑 **技术要领**

缩小防守空间

防守球员要防止对手突破防守，杜绝对手获得向防线后方进行长传所需的时间和空间，要在进攻点直接施加压力并配合紧凑的防守，避免在防守中出现空缺。

◀--- 人的走势   ◀━━ 球的走势   ◀━ 带球

▶ 保持领先分数

难度等级 ★★★★☆　　🕐时间　10分钟

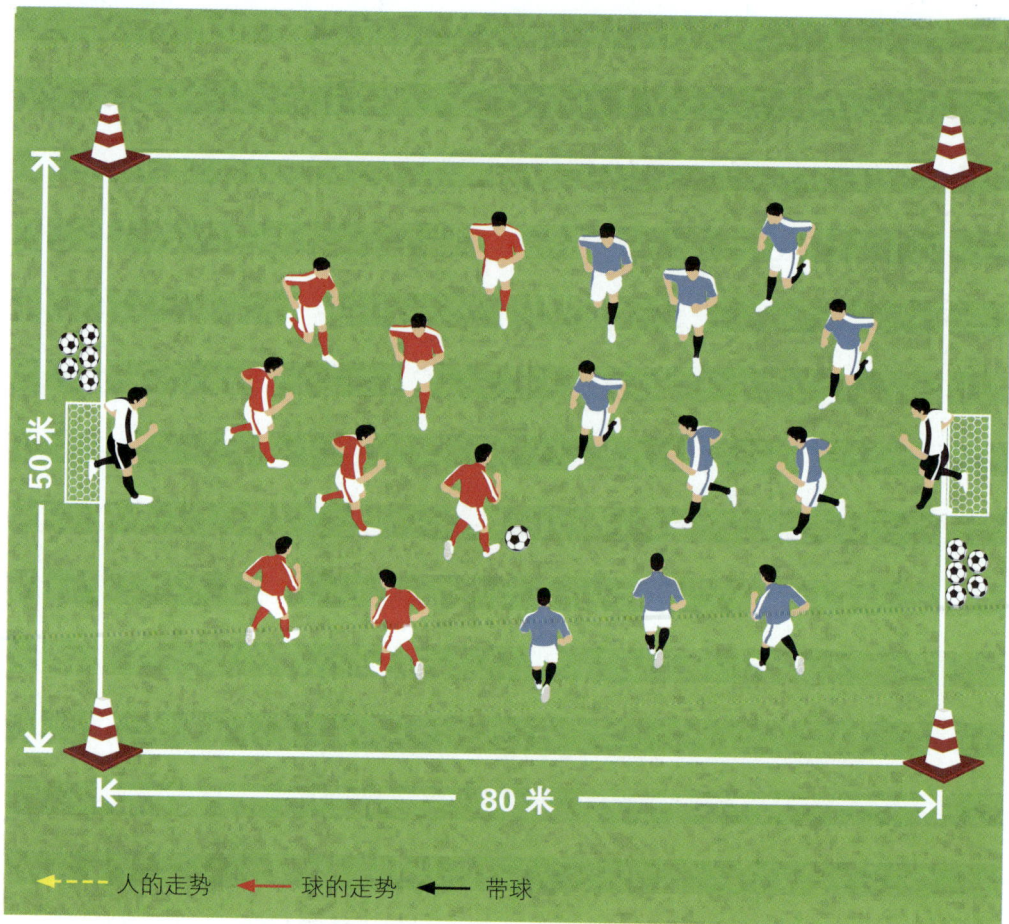

50 米

80 米

- - → 人的走势　　← 球的走势　　← 带球

用4个锥桶标出一个80米×50米的场地，场地两侧的底线上各设置一个标准大小的球门。所有球员分成2组，一组有10名场上球员，另一组有8名场上球员。守门员分别位于各自球门中，每侧球门旁放置额外的足球。

训练开始时，8人组以1：0领先，10人组先控制足球。与正规的足球比赛规则一致，比赛持续10分钟，8人组试图运用各种防守战术保持领先一球的地位，如果10人组在10分钟内进球，则赢得比赛，且比赛结束。两组交换角色继续进行比赛。

💡 **小提示**

防守方要合理组织战术，不让在人数上具有优势的进攻方获得进攻空间和时间，战术重点是在进攻点施加压力、盯防，以及在远离足球的位置提供防守平衡。

第7章　防守战术

技巧
183

▶ **防守和恢复球门侧位置**

难度等级 ★★★★☆　　⏱ 时间　25分钟

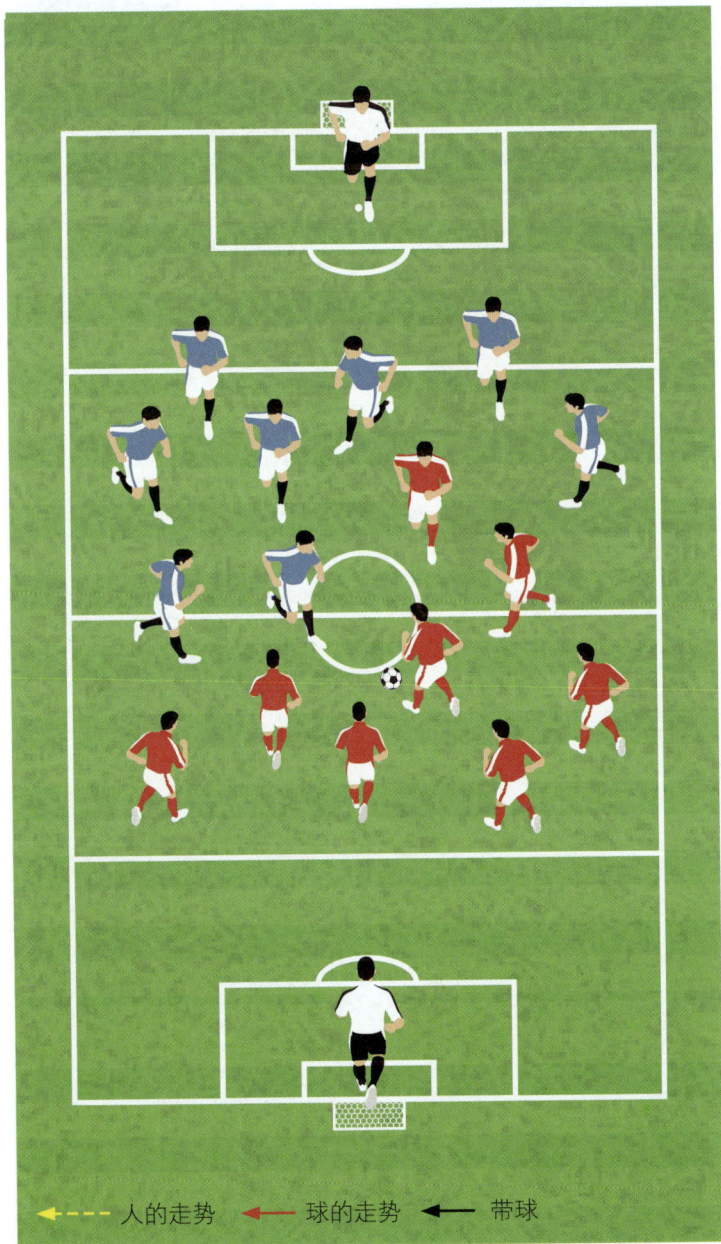

⬤ 标出两条与场地同宽的线，这两条线距离各侧底线约35米，将场地分成3块区域，两侧底线的中间分别设置一个标准大小的球门。所有球员分成2组，每组8人，每个球门各安排1名守门员。

⬤ 从场地中间发球，每组防守一个球门，且可以通过将足球射入对方球门得分。教练充当裁判，每隔几分钟就吹哨暂停，并在其中一组的防守区域内给该组一个任意球。踢任意球时，所有的防守球员都要移动到中间区域，进攻方以长球的方式将足球踢到防守方身后的空间。在进攻方进入该区域并触球后，防守方立即回到防守区域阻止对方射门。

⬤ 如果足球被守门员拦下得1分，如果成功射门得2分，让进攻方得分最少的一组获胜。

🔑 **技术要领**

注意球门侧的防守

进攻方将足球踢向防守方身后的空间，在进攻方到达该区域触球后，防守方要直接全速奔跑，迅速回到球门侧位置。

◀---- 人的走势　　◀── 球的走势　　◀── 带球

第 8 章

体能训练

　　对于足球运动来说，除了个人技术及战术外，有针对性的体能训练也非常重要。球员需要具备足够的力量和速度，才能在高强度的比赛中应对各种情况。

技巧
184

▶ 哑铃屈肘

难度等级 ★★☆☆☆　　⏱时间 30~45秒

双臂向上弯举

双脚分开，与肩同宽，挺胸抬头。双手分别握住一个哑铃并置于身体两侧，掌心朝前。

身体挺直，上臂夹紧于身体两侧，肘关节屈曲至最大限度。回到起始姿势，重复规定的次数。

💡 小提示

运动过程中身体挺直，上臂夹紧于身体两侧。有节奏地呼吸，肘关节屈曲时呼气，还原时吸气。

🔑 技术要领

目标肌群

哑铃屈肘是通过肘关节的屈曲与伸展来锻炼手臂的肱二头肌和肱肌，以增强手臂肌群的力量。

技巧
185

体 能 训 练
▶ # 引体向上

难度等级 ★★★☆☆ 　 ⏱ 时间 　 30~45秒

双臂屈肘，肩
关节内收，使
身体向上移动

双臂正握单杠。

双臂发力，肘关节屈曲，肩关节内收，将身体向上拉至下巴过单杠位。回到起始姿势，重复规定的次数。

💡 **小提示**

引体向上是通过肘关节的屈曲和肩关节的内收来锻炼手臂和背部肌群的力量。运动过程中要避免身体过度晃动。注意向上时呼气，还原时吸气。

技巧 186

▶ 卷腹

扫一扫，看视频

难度等级 ★★☆☆☆　⏱时间　30~45秒

🔑 **技术要领**

头部不要前伸

运动过程中，双腿放松，向上挺身时腹部收缩发力，全程核心收紧。注意头部不要前伸。卷腹时呼气，回落时吸气。

🔻

上半身向上挺起

▎仰卧在瑜伽垫上，双腿分开，屈髋屈膝，全脚掌撑地，双臂屈肘，双手握药球置于胸前。

🔻

▎保持膝关节角度不变，上半身向上挺起。

▎继续向上挺起并使双臂完全伸直，进行卷腹动作。回到起始姿势，重复规定的次数。

体 能 训 练

▶ **仰卧起坐**

难度等级 ★★★☆☆　⏱时间 30~45秒

扫一扫，看视频

💡 **小提示**

全程保持核心收紧。身体回落时，要控制速度而非依靠惯性。

向上起身

仰卧在瑜伽垫上，双腿分开，屈髋屈膝，全脚掌撑地，双手扶在头部两侧，肘关节指向外侧。

腹部收缩发力，使上半身向上抬起，在这个过程中呼气。

带动躯干直立坐起，然后缓慢回到起始姿势并吸气。重复规定的次数。

体能训练

▶ **俄罗斯转体**

难度等级 ★★★☆☆　⏱时间 45~60秒

坐在瑜伽垫上，双臂屈肘，双手抱哑铃置于胸前，双腿屈膝，双脚悬空，保持身形稳定。

保持双腿和臀部稳定，腹部收紧，肩部和手臂固定，上半身向右侧扭转。

回到起始姿势，上半身再向左侧扭转。回到起始姿势，重复规定的次数。

其他角度

身体依次向两侧扭转

技巧

189

体能训练

▶ V 形上举

难度等级 ★★★☆☆　　⏱时间　30~45秒

扫一扫，看视频

平躺在瑜伽垫上，头部放正，双腿伸直，双臂屈肘，自然放在腹部。

💡 **小提示**

V 形上举可以锻炼腹直肌。全程保持核心收紧。四肢协调一致，尽量保持悬空。

双臂向头顶上方伸直，掌心朝上，做好收缩腹部肌肉的准备。

双手向双脚靠近

🔑 **技术要领**

提高稳定性

练习此动作可以增强腹部肌肉的力量，还有利于球员在足球运动中保持身体稳定。

双臂上举，同时利用腹部肌肉收缩的力量使双腿上抬。双手向双脚靠近，直至相互触碰。回到起始姿势，重复规定的次数。

技巧
190

▶ **对侧上举**

难度等级 ★★★☆☆　　⏱时间　30~45秒

扫一扫，看视频

呈俯卧姿势，双肘分开，与肩同宽，撑于瑜伽垫上，双手握拳，拳心相对。双脚脚尖撑地，核心收紧。

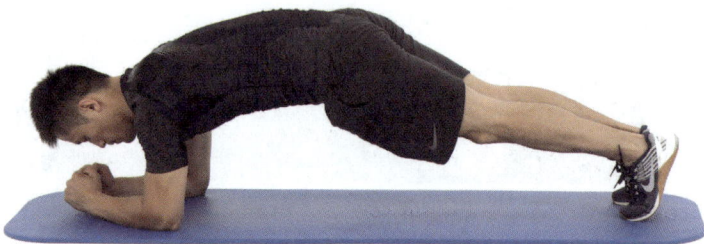

核心保持稳定，左腿向前屈膝，同时右臂向后屈肘，使肘关节与膝关节移动到身体正下方时相触碰。

左腿和右臂同时缓慢伸展，直至与地面平行。回到起始姿势，换对侧重复动作。重复规定的次数。

肘关节与膝关节相触碰

💡 **小提示**

运动过程中，躯干保持中立位，重点体会用核心控制动作。

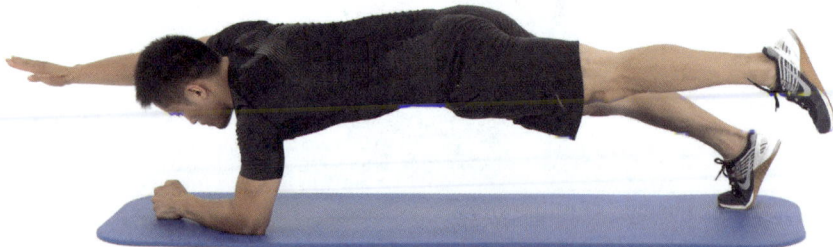

体能训练

▶ 俯卧撑

难度等级 ★★★☆☆　⏱时间 30~45秒

呈俯撑姿势，双手撑地，双脚脚尖撑地，双手间距稍大于肩宽，双臂伸直，身体从头到脚踝呈一条直线。

腹部肌肉收紧，双臂屈肘，使身体下沉，直至胸部几乎碰到地面。

快速推起身体，回到起始姿势，重复规定的次数。

垂直下沉

其他角度

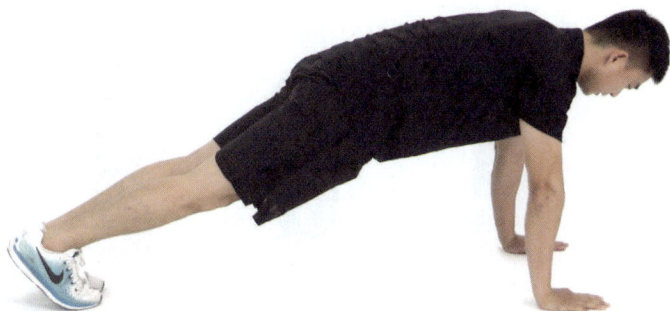

技巧
192

▶ **提踵**

难度等级 ★★★☆☆　　⏱时间 30~45秒

踮脚

| 双脚并拢，背部挺直，腹部收紧，双手叉腰。 | 身体保持不动，双脚脚后跟向上抬起，双脚脚尖撑地。 | 放下脚后跟，回到起始姿势，重复规定的次数。 |

其他角度

💡 **小提示**

此动作是通过踝关节的屈曲与伸展，锻炼小腿的腓肠肌和比目鱼肌，增强小腿肌群的力量。运动时，全程保持核心收紧，背部挺直。

体 能 训 练

▶ **单腿硬拉**

难度等级 ★★★☆☆　⏱时间 60~90秒

支撑腿稍屈膝，保
持身体重心稳定

▌双脚自然分开，右手持壶铃，核心
收紧，背部挺直，目视前方。

▌右腿向后伸，同时屈髋俯
身，身体重心落于左腿。

▌俯身至接近90°，右腿向后伸直，
右臂近乎垂直于地面。回到起始姿
势，重复规定的次数。

其他角度

💡 **小提示**

运动过程中，保持核心收
紧，腰背挺直，躯干处在中
立位。单腿支撑时，始终保
持身体稳定，重点体会大腿
后部肌群发力。

技巧
194

▶ **弓步蹲**

难度等级 ★★★☆☆　⏱时间　60~90秒

左腿向前弓
步蹲

双脚分开，约与肩同宽，双手各持一个哑铃自然置于身体两侧，背部挺直，目视前方。

上半身保持直立，左腿向前弓步蹲，屈膝屈髋至接近90°，回到起始姿势，换至对侧重复动作。重复规定的次数。

🔑 **技术要领**

增强腿部力量

此动作通过髋关节与膝关节的屈曲和伸展来锻炼臀大肌、股四头肌、腓肠肌、比目鱼肌，以增强腿部力量。腿部是足球运动中最常用的部位，拉伸髋关节及其周围的肌肉，有助于球员更好地控球和踢球。

💡 **小提示**

运动过程中，躯干保持直立，膝盖和脚尖一致向前。有节奏地呼吸，蹲起时呼气，还原时吸气。

技巧 **195**

▶ **深蹲**

难度等级 ★★★☆☆　　⏱ 时间　30~45秒

双腿屈膝下蹲

双脚分开，与肩同宽，背部挺直，双臂放在身体两侧自然下垂，目视前方。

双臂向前抬起，约平行于地面，掌心相对。同时身体前倾，双腿屈膝下蹲，始终保持背部平直。

双脚蹬地起身，双臂收回。回到起始姿势，重复规定的次数。

其他角度

💡 **小提示**

后背挺直，核心收紧，挺胸抬头。下蹲时，脚后跟不要离开地面，蹲至大腿大致平行于地面。

技巧
196

▶ **双脚前后跳**

难度等级 ★★★☆☆　　⊘时间　30~45秒

扫一扫，看视频

双脚向前跳
过标记线

在地面上设置一条标记线，双脚分开，与肩同宽，屈髋屈膝，背部挺直，双臂向后摆动。

双脚发力，向前跳过标记线，同时双臂随惯性向前摆动。前后来回跳动，重复规定的次数。

其他角度

🔑 **技术要领**

脚尖触地

双脚前后跳可以锻炼腿部的爆发力，同时还能提高脚踝的稳定性和协调性。运动过程中，尽量用脚尖触地，利用小腿的力量前后来回跳动，减少触地的时间。

体能训练

▶ 蹲跳

难度等级 ★★★☆☆　**时间** 30~45秒

双脚跳起，同时双臂上举

双脚分开，与肩同宽，屈髋屈膝，双臂伸直置于身体后方。

双脚蹬地，使身体向上跳起，同时双臂向上伸直，举过头顶。

身体落下后，恢复屈髋屈膝和双臂后摆的姿势，保持该姿势2秒。回到起始姿势，重复规定的次数。

🔑 技术要领

跳起时身体充分伸展

蹲跳在提高核心肌肉力量的同时，还能够增强上下肢之间的协调性，尤其对足球运动员很有帮助。注意双臂应用力上摆，带动身体向上跳起，使身体在空中充分伸展。

💡 小提示

练习过程中，动作要协调，有节奏地呼吸，双腿蹬地发力起跳时吸气，落地缓冲时呼气。

第8章

技巧
198

体能训练

▶ **跳箱**

扫一扫，看视频

难度等级 ★★★☆☆　　🕐 时间　30~45秒

双脚分开，与肩同宽，屈髋屈膝，双臂伸直置于身体后方。

双腿伸直，同时双臂向上伸直举过头顶，掌心相对。

完成预备姿势的摆动，恢复屈髋屈膝和双臂后摆的姿势。

跳起时双臂与双腿伸展

双脚蹬地，使身体向上、向前跳，同时双臂向上伸直，举过头顶。

跳上跳箱，同时恢复屈髋屈膝和双臂后摆的姿势。

伸髋伸膝，身体挺直。回到起始姿势，重复规定的次数。

💡 **小提示**

跳箱可以提高下肢的运动速度和力量，从而提升球员在足球运动中变向的能力。与普通的向高处跳相比，在具有一定高度的跳箱上着地可以减小下肢受到的压力。

技巧
199

▶ 墙壁练习

难度等级 ★★★☆☆　　⏱时间 45~60秒

扫一扫，看视频

双臂向前伸直，双手扶住墙壁，右脚蹬地，左腿屈膝向上抬起，使大腿与地面平行。

💡 小提示

此动作只要有一面墙就可以进行练习，非常方便。此动作对提高跑步速度和增强跑步时所需肌肉的力量及柔韧性都有显著效果。运动过程中，注意保持躯干稳定。

双手保持不动，左腿收回落下，换右腿向上抬起，快速交替抬腿。回到起始姿势，重复规定的次数。

🔑 技术要领

核心力量

腿部进行强有力的蹬地，需要有核心肌群作为稳定支撑。如果抬腿的频率较高，且躯干始终保持稳定，说明具有很好的核心力量。

技巧 **200**

▶ **阻力冲刺**

难度等级 ★★★☆☆   ⏱时间 30~45秒

身体前倾

双脚并拢，双臂自然放于身体两侧，弹力带中间绕过腰部，两端由身后的搭档固定。

身体前倾，保持背部平直。做好随时冲出去的准备。

💡 **小提示**

带有阻力的训练的难度会比正常训练大，且冲刺跑的距离不能过长。搭档也要具有一定的力量，防止固定不稳。

右脚蹬地，左腿屈膝向前迈一大步，身体迅速向前冲出去。双臂随腿部的运动节奏前后摆动。回到起始姿势，重复规定的次数。

编者简介

孙奇

　　国家体育总局备战伦敦奥运会、里约奥运会身体功能训练团队成员；原北京人和足球俱乐部体能教练（参与俱乐部 2019 年中国足球超级联赛和 2020 年中国足球甲级联赛的体能训练工作）；国家一级足球裁判员；国家二级足球运动员；北京体育大学运动训练（足球方向）专业硕士；原羽毛球运动员林丹专职体能教练（参与林丹的两届奥运会、4 届世锦赛、两届全运会的体能训练工作）；北京体育大学外聘教师。